AF417610

Manejo adecuado de términos anatómicos y fisiológicos en el ejercicio físico y el deporte

Jairo A. Reyes Escalona

2021

Manejo adecuado de términos anatómicos y fisiológicos en el ejercicio físico y el deporte

Introducción

Transcurría el año 2002 y fue cuando comenzó la inquietud por mejorar el léxico utilizado dentro de la actividad física y el deporte, en ese momento aún era estudiante de pre grado en el Instituto Pedagógico de Caracas, y una mañana como de costumbre después de recibir clase de anatomía me senté junto a mis compañeros de estudio en un lugar muy popular en dicha Institución, específicamente en el Departamento de Educación Física donde, además de desayunar gracias a la comida preparada por el carismático "Carlitos" nos pusimos a observar un programa matutino de ejercicio físico que presentaban en la televisión.

Allí pudimos constatar que el instructor que estaba dirigiendo la clase no estaba usando los ***términos*** adecuados para referirse a ciertos movimientos y partes del cuerpo, cuando escuchamos que dijo ***flexión de pierna*** para referirse a lo que es una ***flexión de rodilla***, y más adelante explicó estar trabajado las piernas cuando estaba realizando un patrón de movimiento (P.M) para trabajar los cuádriceps, grupo muscular de la parte anterior del muslo ya que la pierna es el segmento que va desde la rodilla hasta el tobillo.

Todo lo antes mencionado me llevo a tener la visión de poder algún día, habiendo culminado mis estudios de pre grado llevar a cabo un proyecto donde se pudiera dar información científica y académicamente comprobada para mejorar el vocabulario de los instructores, entrenadores y todos aquellos profesionales que hacen vida dentro de la actividad física y el deporte.

Sin embargo no fue tan fácil, años después ya con el título de Profesor pensé que sería más cómodo el camino para llevar a cabo dicho proyecto, pero existían muchas trabas que no me permitían avanzar, entre ellas algunas personas quienes recibían el mensaje, pero no aceptaban tal información como fidedigna y también afectaba mi poca preparación dentro del campo de la investigación, fue entonces cuando decidí emprender un camino más cuesta arriba, pero muy gratificante, como fue iniciar y culminar con éxito la Maestría en Educación Física mención Fisiología del Ejercicio, de allí en adelante las cosas comenzaron a marchar con mayor fluidez, pues claro, además de especializarme en un área específica como lo es la Fisiología del Ejercicio, había adquirido suficiente preparación para convertirme en un investigador impulsivo, lo cual me ha llevado a leer innumerables libros y artículos de investigaciones, que tienen que ver o no, con la actividad física y el deporte.

En este orden de ideas, citaré a Renny Yagosesky, quien dice que el nivel de información y conocimientos, tanto generales como especializados permite a cada persona, tener una preparación amplia o reducida de aquello que lo rodea, además agrega que, "la ignorancia no escucha con la misma atención que la sabiduría". Y es aquí donde tenemos que detenernos a pensar en si estamos haciendo lo adecuado y lo necesario para formarnos y ser cada día mejores profesionales.

Porque como dice el propio Renny Yagosesky, "que no entiende por qué existen tantos malentendidos entre las personas, donde una misma **palabra** pueda generar reacciones diversas; y por qué algunas ideas resultan gratas y fáciles de captar para unos, aunque pueden ser vista por otros, como groseras y complicadas", y como ejemplo claro está la diatriba de si el inicio de todo ejercicio físico lo llamamos **calentamiento** o **acondicionamiento**.

De acuerdo a lo antes mencionado, es el preciso momento para informarle que el libro que tiene en sus manos y que está leyendo cuenta con una serie de **términos**, tantos anatómicos como fisiológicos que fueron minuciosamente revisados, estudiados y discutidos con colegas del área de la actividad física y el deporte, lo que ha suscitado opiniones diversas por la veracidad o no de lo planteado en referencia a cada palabra que utilizamos al momento de prestar nuestros servicios como instructores, profesores, preparadores físicos, fisioterapeutas, kinesiólogos, fisiólogos, entrenadores, entre otros.

Luego de muchas horas invertidas en investigación y preparación, pude crear el conversatorio **"Manejo adecuado de términos anatómicos y fisiológicos en el ejercicio físico y el deporte"**.

De allí en adelante fueron varias las instituciones y particulares Nacionales e Internacionales interesados en llevar la información a sus usuarios, como fue la Federación Internacional de Educación Física (FIEP) con sede en Brasil en la Ciudad de Foz do Iguaçu, FIEP Santiago de Chile, Fisioterapia en Movimiento en Medellín, Zona Fit el Tigre, Melany Lazo Fitnes Cumana, Fussion Training Sisten Margarita, AQuatraining Margarita, Compact Training, Herbalife Dinámico, Funtional Grow Barquisimeto, Fat Pum, Tae Puch, Chedance, YFitness de Caracas, Courpus Gym de Cumana, Bailoterapia, Free Style Dancing, Instituto VENEFIT, Corporación Moda y Salud C.A. en el Simposio Constructores de Cuerpo, Body Tone Training Center de Barcelona, Gimnasio Multicentro Caracas, Training Bike Caracas, EvenFit, Convención Latinoamérica de Actividad Física Salud y Fitness en la YMCA, DA BootCamp, Seminario Tallando Cuerpos Funcionales, Riobueno Fitness, Cross Training, Pro Fitght y AeroFighting. A todos, gracias...

A continuación tendrá la oportunidad de entrar en el mundo de la investigación donde podremos demostrar lo dicho por mi Profesor de Metodología de la Investigación en Post Grado, Fidias Arias, quien dice que "el conocimiento científico puede ser comprobado por otro, mientras que el conocimiento vulgar, no soporta comprobación", y de igual manera afirma que, "el conocimiento científico es *explicativo* porque busca las causas y efectos de las cosas, y el conocimiento vulgar es asistemático debido a que consiste en ideas aisladas".

Así que a *calentar* o *acondicionar*... al final sólo usted lo decidirá...

*No se necesita ser como nadie, con las
limitaciones y virtudes se puede dar lo
mejor de sí, y lograr muchas cosas,
no te compares, ni permitas
que te comparen.*

Jairo Reyes.

*Quien está abierto a nuevos conceptos,
son siempre los que alcanzan niveles
más altos de realización.*

Robin Sherma.

Anatomía

La anatomía, estudio de la estructura y de la función corporal, es una de las ciencias médicas básicas más antiguas. Su estudio formal se inició en Egipto aproximadamente 500 a.c, según Keith Moore. Y el diccionario de la real academia de la lengua española dice lo siguiente:

Anatomía. (Del lat. *anatomĭa*, y este del gr. ἀνατομή, disección). Es el estudio de la estructura, situación y relaciones de las diferentes partes del cuerpo de los animales o de las plantas, además indica que es la disección o separación artificiosa de las partes del cuerpo de un animal o de una planta, también se refiere a la disposición, tamaño, forma y sitio de los miembros externos que componen el cuerpo humano o el de los animales.

De allí entonces podemos decir que, esta ciencia que describe cada parte de los sistemas que componen nuestro cuerpo tiene muchos años de antigüedad y se han establecido de forma categórica innumerables terminologías que se deben manejar al dar una explicación al momento de ejecutar o describir un patrón de movimiento, por ejemplo: hay que colocarse en posición decúbito dorsal o supino, flexionar las rodillas y caderas, y con un movimiento muy lento alejar las rodillas una de la otra, y contraer los músculos glúteo medio y menor para así trabajar la parte posterior y superior del muslo.

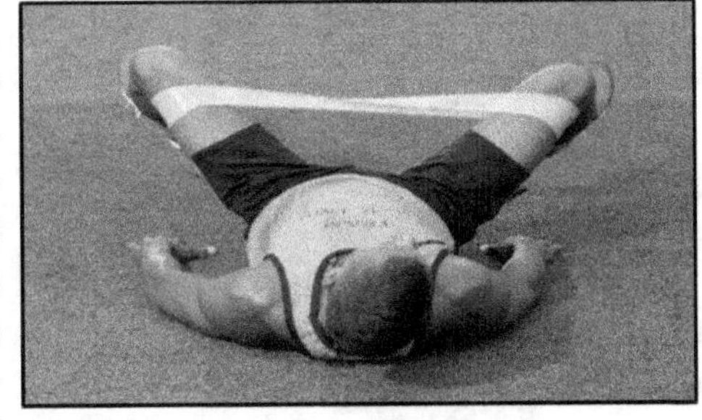

Figura 1. Posición supina con abducción de caderas.

Primero se menciona la posición decúbito dorsal y no boca arriba como suele decirse, a continuación se indica realizar una flexión que se ejecuta en el plano sagital y en este ejemplo va a producirse en una articulación (rodilla – cadera) y no en el segmento llamado pierna, y por último nos referimos a una contracción o activación muscular sin cometer el error de indicar que hay que **apretar** los glúteos.

FISIOLOGÍA

Según López Chicharro, la **fisiología del ejercicio** es el estudio del funcionamiento e interacciones de los órganos, aparatos y sistemas del cuerpo humano durante el ejercicio físico, desde el nivel molecular hasta el funcionamiento del cuerpo humano. A la fisiología del ejercicio también se le ha denominado fisiología del esfuerzo, el término esfuerzo es definido por D.R.A.L.E como el empleo enérgico de la fuerza física contra algún impulso o resistencia o como empleo enérgico del vigor o actividad del ánimo para conseguir una cosa venciendo dificultades.

En el mismo orden de idea, Jack Wilmore hace referencia que la fisiología del esfuerzo ha evolucionado a partir de su disciplina madre, la fisiología. La cual se ocupa del estudio de cómo se adapta fisiológicamente el cuerpo al estrés agudo del ejercicio, o a la actividad física, y al estrés crónico del entrenamiento físico. En este sentido el D.R.A.L.E indica que la fisiología es una ciencia que tiene por objeto el estudio de las funciones de los seres orgánicos. (Del lat. *physiologĭa*, y este del gr. φυσιολογία).

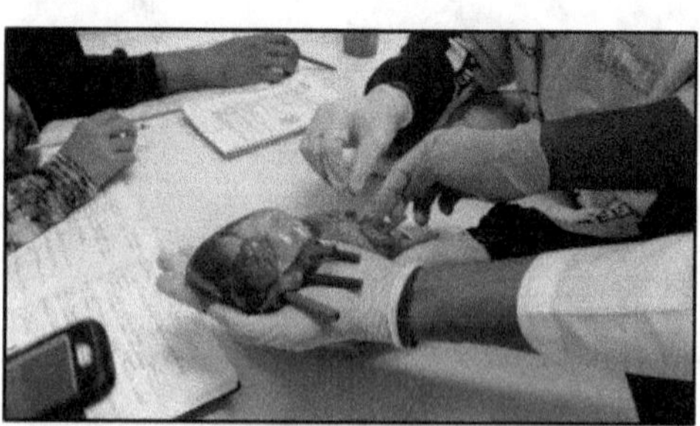

Figura 2. Fisiología del corazón

Contracción muscular v/s apretar

Apoye sus argumentos en fuentes confiables y prominentes.

Renny Yagosesky

Para sacarle todo el jugo a un libro debes estudiarlo, no solo leerlo.

Robin Sharma

Contracción muscular v/s apretar

Una de las palabras más comunes dentro de la actividad física es *apretar* usada equívocamente como sinónimo del término fisiológico *contracción* o activación muscular. Un día intercambiando ideas con la instructora Jessika Pacheco, comentábamos y discutíamos sobre esta palabra (*apretar*) que escuchamos a diario dentro de las clases grupales, específicamente durante el trabajo de fuerza donde se le indica al usuario o practicante que apriete el glúteo cuando realiza el patrón de movimiento para dicho músculo, al igual cuando se ejecuta un P.M para la zona media, se escucha insistentemente que animan a las personas diciéndoles que aprieten el abdomen.

Referente a este tema también tuve la oportunidad de escuchar el planteamiento de Merly Garcia directora de YFitness Caracas, quien me comentaba que es cierto que no se debe utilizar la palabra *apretar* y que estaba de acuerdo con lo que yo planteaba, que era utilizar el término *contracción muscular,* pero me recomendó revisar si también se podía decir *activar o activación muscular*, desde luego que le tome la palabra y le dije, déjame investigar y luego hablamos... raro yo... investigando...

Luego de revisar varias fuentes electrónicas pude sintetizar lo siguiente: hay una técnica llamada *Activación Muscular* y el objetivo de este tipo de trabajo es establecer si determinados músculos que controlan una articulación, tienen una correcta "entrada neurológica" necesaria para poder realizar su función. Tanto si trabajan como principales músculos motores (*agonista*) que generan movimiento en la articulación, o como músculos (*antagonistas*) que primordialmente facilitan el trabajo del musculo agonista durante la contracción, cada uno de ellos debería de realizar su función cuando se aplican fuerzas en la articulación que controlan.

Es más que obvio que lo encontrado tiene 100% relación con la *contracción muscular*, ya que se habla de un musculo motor el cual genera movimiento en una articulación y de un musculo antagónico que también tiene una función determinada cuando ocurre una contracción muscular.

A continuación analizaremos los términos contracción muscular y apretar para dilucidar dudas al respecto.

Para López Chicharro la ***Contracción Muscular*** es un proceso que nos permite generar fuerza para mover o resistir una carga... perfecto, ahora desde mi punto de vista como fisiólogo describiré que la contracción muscular es un proceso donde hay impulsos nervios que llegan a los axones terminales permitiendo que la información que viaja a través de las neuronas que componen el sistema nervioso lleguen a la placa motora donde se segrega aceticolina fijándose sobre los receptores en el sarcolema generando un potencial de acción en las fibras musculares y libera iones de calcio vía túbulos "T" desde el retículo sarcoplasmático hasta el sarcolema, los iones de calcio se unen a lo troponina sobre el filamento de actina, y separa a la tropomiosina de los puntos activos en el filamento de actina, lo que permite la unión entre los **fil**amentos de **act**ina y **mio**sina **(FILACTMIO)** y se produce así el desplazamiento entre ambos filamentos lo que ocasiona la contracción muscular... uff... sencillo verdad, tranquilo (a) no te preocupes por tantas palabras raras... es cuestión de familiarizarse con estos temas, nadie dijo que iba ser fácil, pero apuesto a que aprenderás mucho.

Figura 3. Contracción muscular.

Dentro de las contracciones musculares hay muchas definiciones, en este texto mencionaremos solo tres y dejar que la curiosidad invada tu mente y te invite a investigar sobre el tema. En primer lugar tenemos la ***Contracción concéntrica*** que es el proceso donde se produce un movimiento articular el cual permite que dos segmentos del cuerpo se acerquen uno al otro.

Por otro lado tenemos la ***Contracción excéntrica*** que es un movimiento articular que permite a dos segmentos corporales alejarse uno del otro y por último está la ***Contracción isométrica*** que es un proceso que produce una activación muscular que permite resistir o aguantar una resistencia externa o interna, sin que haya movilidad articular ni cambio visible de la longitud del musculo.

Ahora al consultar el D.R.A.L.E encontramos que ***Apretar*** es una palabra que proviene del latín *appectorāre*. Es oprimir, ejercer presión sobre algo, asimismo dicho de un vestido u otra cosa semejante que queda muy ajustado, como también es aumentar la tirantez de lo que sirve para estrechar, para que haya mayor presión e igualmente es apiñar, juntar estrechamente cosas o personas, así como van apretadas las personas dentro de un vagón de un tren.

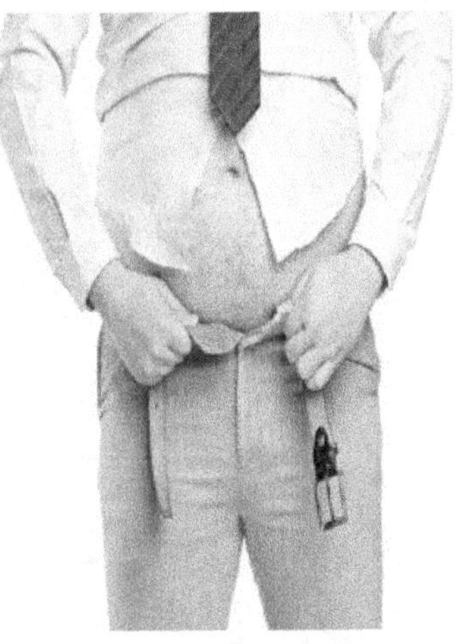

Figura 4. Ropa apretada.

Estoy seguro que en este momento estás pensando y recordando cuántas veces has utilizado la palabra ***apretar*** para referirte a lo que es una ***contracción o activación muscular,*** y has soltado una sonrisa diciendo quizás ¡Que cosa tan sencilla esto de los términos adecuados! ¡Este es el libro que necesitaba!

Ejercicios aeróbicos y anaeróbicos ¿Por qué el término de ejercicio cardiovascular?

Hay que aprovechar el tiempo presente,
preparándose para aprovechar mejor el tiempo
futuro, "todo lo que se aprende servirá para algo".
Cada experiencia es una oportunidad.

Carlos S. Rodríguez

Lo verdaderamente importante
no es ser importante, sino útil.

Benjamín Franklin

Ejercicios aeróbicos y anaeróbicos ¿Por qué el término ejercicio cardiovascular?

Ahora es cuando apenas comienza la disertación de temas que nos competen para ir mejorando nuestro vocabulario y usar los términos correctos en el momento indicado. Una de estas palabras que usamos gracias a que la publicidad puede más que la humilde intención de este servidor que desea ofrecerte información veraz y comprobada científicamente es ***ejercicios cardiovasculares*** **término** merecedor de mi interés gracias a una conversación con un excelente preparador físico quien ayudó a la selección sub 17 femenino de Venezuela de futbol a quedar campeona invicta en el Sudamericano de la CONMEBOL FIFA y 4to lugar en el campeonato mundial, a la selección sub 15 las preparo para las olimpiadas de su categoría donde lograron la medalla de plata, además quedar sub campeón en los juegos Bolivarianos Perú 2013 obteniendo medalla de plata con la sub 21 femenino, no es más que mi colega Froilan Bonilla, bendiciones para él.

Figura 5. Clase del sistema cardiovascular

Cada vez que tengo el gran placer de dictar el conversatorio he ilustrarlo con ejemplos sencillos y fáciles de captar ya sea, visual, auditivo o kinestesicamente de cómo el ***sistema cardiovascular*** es perteneciente o relativo al corazón o al aparato circulatorio, y ***cardio*** (Del gr. καρδία) significa 'corazón' miocardio, como lo señala el D.R.A.L.E.

Explicando, además que los ejercicios se dividen en dos según el consumo de oxígeno, como son a saber, los ejercicios anaeróbicos (aláctacidos y láctacidos) y los aeróbicos cada uno con características particulares que a continuación le mostraremos.

Ejercicios Aeróbicos: Es el ejercicio que requiere predominantemente un trabajo muscular dinámico, este tipo de ejercicios activa grandes grupos musculares que se contraen de forma rítmica, dando lugar a los movimientos articulares, produciendo cambios en la longitud de la fibra del musculo y poco aumento de la tensión. Suelen ser actividades prolongadas, que requieren un incremento en el consumo de oxígeno. Como ejercicio de predominio dinámico tendríamos: caminar, correr (figura N°6), nadar o andar en bicicleta. Mayormente duran más de 5 minutos, son de baja o mediana intensidad, derivan su energía (ATP-PC), carbohidratos (glucosa-glucógeno) y predominantemente de las grasas (ácidos grasos).

Figura 6. Trotar.

Ejercicios Anaeróbicos: Por su parte estos ejercicio predominante estático, de fuerza y resistencia van a provocar cambios en la tensión de las fibras musculares, pero sin modificar significativamente su longitud, suelen intervenir grupos musculares concretos, y al ser de corta duración, puede o no utilizar consumo de oxígeno, por lo que se denominan anaeróbicos. Dentro de estos ejercicios podríamos diferenciar dos tipos: de contracción isométrica y contracción heterometricas. La isométrica produce una contracción muscular sostenida contra una resistencia fija que no se puede vencer, por ejemplo empujar una pared, mientras que la heterometrica sería una contracción muscular contra una resistencia que la musculatura implicada pueda vencer, por ejemplo halar un caucho de 25 kilogramos (figura N°7). Son de corta duración normalmente por debajo de los 4 minutos, de alta intensidad, explosivos, derivan su energía (ATP-PC), carbohidratos (glucosa-glucógeno) y produce al final grandes cantidades de **Ácido 2-hidroxi-propanoico (ácido láctico)**.

Figura 7. Halar caucho.

En el siguiente cuadro tenemos el porcentaje de la frecuencia cardíaca que nos indica en qué intensidad estamos realizando los ejercicios, por consiguiente si decimos que los ejercicios anaeróbicos son de alta intensidad estaríamos trabajando entre un 76% y 100% de nuestra capacidad cardiovascular, y por otro lado si estamos realizando ejercicios aeróbicos que son de baja y moderada intensidad estaríamos trabajando por debajo del 75% de la capacidad cardiovascular.

Porcentaje de la FC Final	Intensidad de Trabajo
De 30% a 50%	Intensidad Baja
De 51% a 60%	Intensidad Ligera
De 61% a 75%	Intensidad Media
De 76% a 85%	Intensidad Sub Máxima
De 86% a 100%	Intensidad Máxima

Cuadro 1. Porcentaje de la frecuencia cardíaca

De acuerdo a lo antes mencionado es de fácil comprensión percibir que, realicemos tanto ejercicios anaeróbicos como aeróbicos estamos trabajando a una intensidad determinada por el esfuerzo realizado durante la actividad física donde el corazón siempre, está trabajando ya sea a baja, mediana o alta intensidad, y es aquí donde viene la gran pregunta.

¿Por qué al referirnos a los ejercicios aeróbicos siempre utilizamos el término ejercicio cardiovascular? Ya es costumbre, sólo eso costumbre, indicarles a las personas que realicen ejercicios cardiovasculares cuando lo correcto es **ejercicios aeróbicos**, porque si alguien me indica que haga ejercicios cardiovasculares fácilmente le puedo preguntar, ¿a qué intensidad deseas que trabaje a baja intensidad en la fase aeróbica o a alta intensidad que sería la fase anaeróbica? Ya que en ambas faces está trabajando el corazón, o sea el sistema cardiovascular.

Sólo tú puedes decidir, seguir indicándoles a las personas que hagan ejercicios cardiovasculares o como fisiológicamente es correcto ejercicios aeróbicos...

Inspirar y espirar v/s tomar y botar

La constancia es la única garantía que tenemos para convertir los sueños en resultado.

Carlos S. Rodríguez

La ciencia es orgullosa por lo mucho que ha aprendido, la sabiduría es humilde por lo que sabe.

Bernardo Stamateas

INSPIRAR Y ESPIRAR V/S TOMAR Y BOTAR

Los siguientes términos están relacionados con la Ventilación Pulmonar (respiración), donde podemos verificar que cuando nos hablan de este tema están implicados dos procesos que son los siguiente, **inspiración** que consiste en llevar el aire (nitrógeno y oxigeno) hasta los alveolos pulmonares donde se produce el intercambio gaseoso, y la **espiración** que es el proceso inverso donde es expulsado al exterior el **Anhídrido Carbónico** (CO_2) producido por catabolismo de los nutrientes durante el Ciclo de Krebs donde el carbono se combina con el Oxígeno para formar el CO_2.

Es muy común escuchar a algunas personas que llevan las directrices de las actividades físicas, decirles a sus practicantes, que tomen y boten aire tanto al inicio como al final la misma, cuando lo correcto es decir inspira y espira o inhala y exhala.

A continuación le describiremos en qué consiste cada uno de estos términos para clarificar y poder usar el más indicado y seguir mejorando nuestro léxico, ya que este es el objetivo principal de este libro.

Tomar. (De or. inc.). Coger o asir con la mano algo (tomar tinta con la pluma, tomar agua de la fuente), recibir algo y hacerse cargo de ello, Comer o beber (tomar un desayuno, el chocolate), servirse de un medio de transporte. Todo esto según el D.R.A.L.E.

Así mismo nos dice lo siguiente, **botar** (Del germ. *bō̄tan 'golpear'). Arrojar, tirar, echar fuera a alguien o algo, lanzar contra una superficie dura una pelota u otro cuerpo elástico para que retroceda con impulso, despedir a alguien de un empleo.

Si analizamos con detenimiento los dos términos anteriores tienen que ver más con actividades de la cotidianidad como es tomar agua, tomar de la mano, tomar un transporte público, botar basura, botar la pelota de jonrón como lo hace cualquier Melenudo frente a los Navegantes.

Ahora vamos a revisar qué nos plantea la palabra **Inspirar y Espirar** para luego comparar y tomar nuestra propia decisión, y objetivamente escoger qué vocablo utilizaremos desde hoy en adelante. El D.R.A.L.E. nos dice que **Inspirar** (Del lat. *inspirāre*)es atraer el aire exterior a los pulmones, y Wilmore And Costill lo complementan con lo siguiente, "es el proceso activo que implica al diafragma y a los músculos intercostales externos, que expandan las dimensiones torácicas y por tanto los pulmones, permitiendo que el aire del exterior penetre".

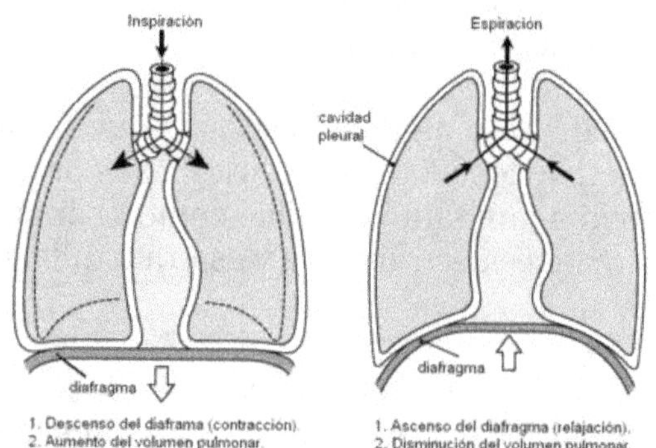

Figura 8. Inspiración y espiración.

En el mismo orden de ideas **Espirar** para el D.R.A.L.E. (Del lat. *spirāre*) es expeler el aire espirado, y Wilmore And Costill lo corroboran cuando indican que es el proceso por el que el aire es forzado fuera de los pulmones mediante la relajación de los músculos inspiratorios.

De esta manera podemos corroborar que cuando hablamos de la Ventilación Pulmonar (respiración) están inmerso dos términos fisiológicos como lo son la **inspiración y la espiración**, que debemos tomar con mucha propiedad y utilizarlos más seguido e ir eliminando los términos **tomar y botar** aire. En este sentido Vygotski postula que, "el aprendizaje debe conducir a la eliminación de conductas no favorables para el individuo y la sociedad", citado en el libro de Psicología del Desarrollo de la U.P.E.L.

De aquí te pido que, en lo posible se vayan eliminando todos esos vocablos que no corresponden con los procesos fisiológicos que suceden en nuestro organismo que ya están plenamente establecidos por especialistas en la materia. También se puede utilizar los términos Inhalar y exhalar, y ojo, cuidado con decir **Expirar** (Del lat. *exspirāre*). Ya que tiene ver con el final de nuestra vida (la muerte).

Movimientos y articulaciones
Movimiento / Desplazamiento / Trayectoria

*El éxito es una creación
que nace en el laboratorio
mental de cada individuo.*

Renny Yagosesky.

*La finalidad de la vida
no es el pensamiento sino la acción.*

Simón Bolívar

Movimiento / Desplazamiento / Trayectoria

Movimientos: Flexión, Extensión, Rotación interna y externa, Abducción, Aducción, Supinación, Pronación...
Articulaciones: Gleno-humeral (Hombro), **Coxo-Femoral** (Cadera), **Esterno-Clavicular y Acromio-Clavicular** (Cintura Escapular)...

A continuación voy a colocar lo que aún se escucha y que debemos corregir: "flexión de pecho", "flexión o extensión del brazo o la pierna", "doblar el brazo o la pierna", estos son solos algunos de los términos mal utilizados, ya que todos los movimientos parten es de las articulaciones y no de los músculos o los segmentos.

Figura 9. Ponente.

Queridos lectores, presten mucha atención al siguiente relato, porque esto "pica y se extiende". Mucho antes que me decidiera a crear el conversatorio de Términos Adecuados, ya tenía cierto tiempo trabajando como ponente invitado por algunas organizaciones que hacen vida dentro del Fitness en Venezuela, y en una de mis ponencias sobre el acondicionamiento neuromuscular, explicaba que todos los movimientos partían de las articulaciones y uno de los participante presente en la certificación de manera contundente me confronto diciendo que en otra certificación que había realizado, le explicaron que el movimiento se producía era en el musculo y no en la articulación.

Saliendo del gimnasio donde era la certificación **me vino a la mente la frase "*Solo sé que no sé nada*"**, ahora ¿por qué me acorde de esa frase?, porque fue Sócrates nacido en el año 469 a.c quien en la búsqueda de corroborar lo que el oráculo Delfos anunció, de que él era el más sabio, se aventuró a conseguir hombres más sabios que él y se dirigió a los sofistas, que ejercían la profesión de enseñar la sabiduría, y Sócrates después de entrevistarse con cada uno de ellos llego a la conclusión de que era el Griego más sabio, ya que ninguno de los entrevistados pudo plantear satisfactoriamente argumento alguno sobre lo que Sócrates les preguntaba, y además, por el hecho de que él a diferencia de los demás era consciente de su ignorancia y fue allí donde nació la célebre frase "**Solo sé que no sé nada**".

Figura 10. Sócrates.

Ahora como decimos los venezolanos, "que pito toca Sócrates en esta historia" pues muy sencillo, apliqué una metodología muy parecida a la de él y decidí consultar a los sabios en la materia, Fisioterapeutas y Fisiólogos (Luis Borges, Marianela Rodríguez, Maira Prado, Dawson Ruiz entre otros), obviamente como estamos en el siglo XXI lo hice a través de los mensajes de texto y no personalmente.

El planteamiento fue el siguiente: Buenas tardes muchachos, me encontré con una persona que asegura que en el codo no se produce ningún movimiento. ¿Qué opinan ustedes de eso? Gracias.

Aquí varias respuestas:
- Los más puristas hablan que la flexión de codo la hace el bíceps braquial anterior y coracobraquial.

- En la flexión y extensión del codo lo que ocurre son contracciones concéntricas y excéntricas.
- Según lo aprendido a nivel académico los miembros superiores tienen tres segmentos los cuales se desplazan cuando alguna de las articulaciones que los une se mueve.
- El problema es la terminología, en sí esa articulación se llama humero-cubital y si no se moviera no existiera la flexión y extensión.
- Lo que pasa es que el término codo es algo delicado porque allí convergen 2 articulaciones, la humero-cubital y la cubito-radial. Ahora es cuestión de establecer qué tipo de palanca se activa en la flexión y cuál en la extensión, y cuando hablo de palanca me refiero a quien es el fulcor, potencia y resistencia, así es la forma que se determina quien realmente tiene el movimiento.

Ahora bien haciendo un repaso de los planos anatómicos sin salirnos del punto principal que son los movimientos, diremos que hay una posición anatómica la cual es universal y de allí parten todos los movimientos tomando en cuenta los tres diferentes planos como los son el plano **sagital** donde se producen flexiones; extensiones, antepulsión y retropulsión, el plano **transversal** donde se producen las rotaciones, pronación, supinación, el plano **frontal** donde se producen abducción, aducción e inclinación.

Además desde la posición anatómica podemos describir los catorce segmentos del cuerpo de la siguiente manera, en primer lugar y en forma céfalo caudal tenemos la cabeza y luego el tronco, ahora desde los hombros a los codos tenemos los brazos, desde los codos a las muñecas tenemos los antebrazo y luego de las muñeca las manos, son seis segmentos que conforman los miembros superiores, sin embargo podemos escuchar como muchos profesionales de la actividad física y el deporte le llaman brazo a todo el miembro superior, en el mismo orden de ideas, desde las caderas hasta las rodillas tenemos los muslos, desde las rodillas hasta los tobillos las piernas y luego los pies, y aquí igual son seis segmentos que conforman los miembros inferiores, y aquí encontramos otro error común que se les indica a los practicante de la sala de musculación que le dicen vamos a trabajar piernas, y le indican que realicen extensión de rodillas para trabajar los cuádriceps, cuando los cuádriceps no están en la pierna sino en la cara anterior del muslo, luego indican realizar flexiones para los izquiotibiales cuando estos músculos están es en la parte posterior del muslo y no en la pierna, y así han acostumbrado a todos los usuarios a utilizar términos inadecuados, cuando sería más profesional y educativo indicarles que realicen extensiones de rodillas para trabajar los cuádriceps y flexiones de rodillas para trabajar los izquiotibiales y no la pierna.

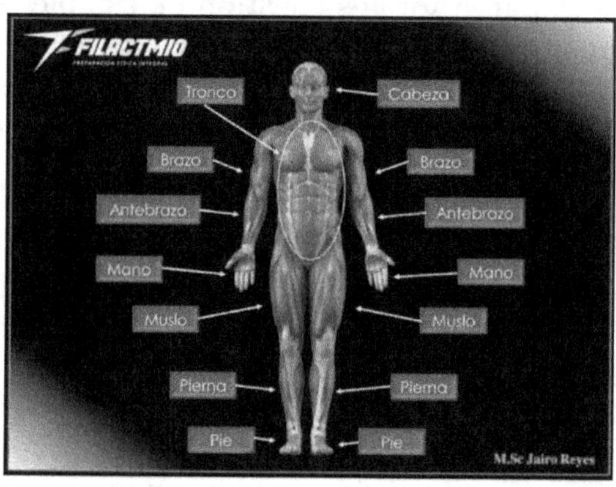

Figura 11. Catorce segmentos corporales.

Cuando hablamos de movimiento siempre está implicado un desplazamiento y el trazado imaginario o no de una trayectoria, en consecuencia la teoría de la física nos dice que cuando modificamos una determinada posición nos estamos moviendo, y que hay algún segmento de muestro cuerpo que se desplaza y se dibuja una trayectoria.

Tomando en cuenta lo anterior, diremos que cuando realizamos un patrón de movimiento como la sentadilla, como en la figura Nº 12 se produce una flexión en la que se mueven las rodillas y los segmentos que se desplazan son los muslos aproximándose a las piernas, igualmente se mueven las caderas por medio de una flexión produciendo el desplazamiento del tronco y así aproximarse a los muslos.

Figura 12. Sentadilla.

Como estrategia del proceso de enseñanza y aprendizaje cada vez que dicto el conversatorio les digo a los participantes que debe ser 100% obligatorio que a cada movimiento le coloquen como apellido una articulación para así evitar los errores. Por ejemplo si el movimiento es una flexión puede llevar como apellido: codo, cadera o rodilla, las tres son articulaciones.

En la próxima página les dejo un cuadro para facilitarles y se familiaricen con los movimientos y las articulaciones. Del lado izquierdo encontramos varios nombres de los movimientos que se producen en nuestro cuerpo y se pueden emparejar con algunas de las articulaciones colocadas al lado derecho, que serían el apellido de cada nombre correspondiente a determinado movimiento.

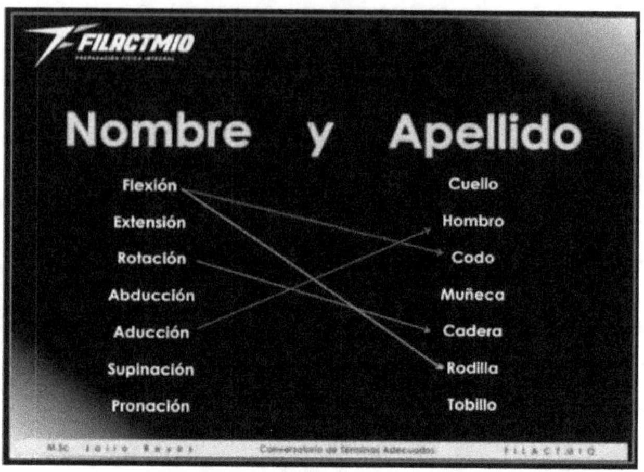

Cuadro 2. Nombre de los movimientos articulares.

Movimientos de las articulaciones

En muchas articulaciones son posibles varios movimientos diferentes, algunas articulaciones permiten tan sólo una flexión y una extensión, otras toleran un amplio abanico de movimiento dependiendo totalmente de la estructura articular.

Abducción: Movimiento lateral con separación de la línea media del tronco. Por ejemplo, la elevación horizontal de la mano o del pie hacia un lado.

Aducción: Movimiento medial con aproximación del tronco, por ejemplo, la recuperación de las manos o del pie a su posición anatómica de origen.

Flexión: Movimiento de inclinación que se traduce en una disminución del ángulo de la articulación, juntando los segmentos. Por ejemplo, cuando el ante brazo se aproxima hacia el brazo.

Extensión: Movimiento que produce un aumento del ángulo de una articulación, separando los huesos. Por ejemplo, cuando la mano se separa del hombro.

Circunducción: Movimiento circular de un miembro que

describe un cono, combinando los movimientos de flexión, extensión, abducción, aducción. Por ejemplo, cuando la articulación del hombro y la articulación de la cadera se mueven de una forma circular alrededor de un punto fijo.

Rotación externa: Movimiento rotatorio alrededor de un eje longitudinal de un hueso que se separa de la línea media del cuerpo.

Rotación interna: Movimiento rotatorio alrededor de un eje longitudinal de un hueso que se acerca a la línea media del cuerpo.

Pronación: Rotación interna del radio, en posición transversal con el cúbito, y que provoca una posición del antebrazo con la planta de la mano hacia abajo.

Supinación: Rotación externa del radio, en posición paralela con el cúbito, que provoca una posición del antebrazo con la palma de la mano hacia arriba.

Depresión: Movimiento inferior de la cintura escapular, un ejemplo es volver a la posición original después de encoger el hombro.

Elevación: movimiento superior de la cintura escapular, un ejemplo, es encoger los hombros.

Decúbito prono y supino

v/s

Boca arriba y boca abajo

*El ser solo puede considerarse humano,
si aparte de ser biológico constantemente
yerra, recapacita, corrige y optimiza.*

Tagua

*Mientras los hombres sean libres para preguntar lo
que deben, para decir lo que piensan y para pensar
lo que quieran: La libertad nunca se perderá
y la ciencia nunca retrocederá.*

Robert Oppenheimer

Decúbito prono y supino
v/s. boca arriba y abajo

Estas dos figuras que verán a continuación aparecen en un texto escolar de Educación Física publicado en el año 1999, el cual fue un regalo de mi colega y compadre Pablo Gota, en una de mis visitas a su pueblo natal Lezama en el Estado Guárico.

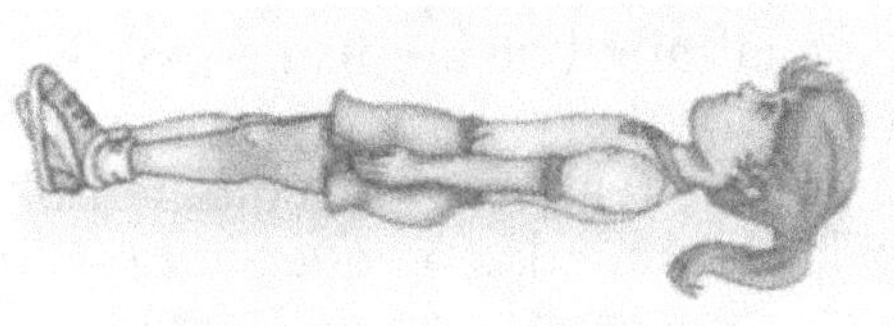

Figura 13. Decúbito.

Él quizás no sabe lo mucho que me ha servido este libro cuya información está destinada para niños y niñas de 1er grado de educación básica, y donde se indica que la posición que adoptan la niña y el niño de los dibujos se les conoce como **decúbito Prono** y **decúbito Supino**, lo que comúnmente escuchamos como **boca abajo** y **boca arriba,** y son estos dos últimos términos los que queremos modificar para comenzar a utilizar las palabras correctas.

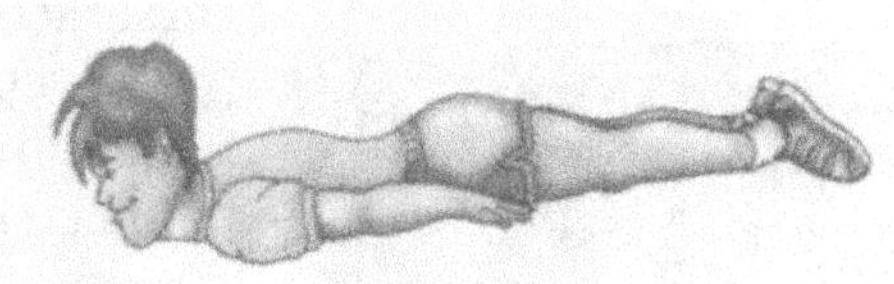

Figura 14. Decúbito prono.

En la posición decúbito supino (dorsal) la persona se encuentra acostada sobre su espalda con las extremidades superiores e inferiores también apoyadas sobre el piso y con los codos y rodillas extendidas, y los pies en un ángulo recto con respecto al cuerpo, por otro lado la posición decúbito prono (Abdominal) la persona se encuentra acostada sobre su abdomen, con la cabeza girada hacia un lado, con las extremidades superiores e inferiores también apoyadas en el piso y los codos y rodillas extendidas.

Es interesante cada planteamiento hecho por las personas que me escuchan hablar sobre este tema, y es casi seguro cada vez que realizo el conversatorio, que algunos de los oyentes pregunta lo siguiente, ¿**Cómo podemo**s hacer para ir cambiándole el chip a la gente? ¿Pero tengo que detener mi clase a la mitad de la misma para explicarle estos dos términos? ¿Cómo hago para que la personas capten la información mientras se realiza el entrenamiento?

Y la recomendación que siempre les hago, es que apliquen lo que una vez experimente (ensayo y error) en una clase de Entrenamiento en Suspensión que me dio resultado y que aún lo empleo en los entrenamientos de la zona media, de circuito, banda elásticas y otro, cuando durante la clase o sección de entrenamiento nos tengamos que colocar en alguna de las dos posiciones (decúbito Prono o Supino) la digan en voz alta asegurándose que todos escuchen y acto seguido adoptar la posición para que los practicantes vean a que se refieren.

Tomando en cuenta lo antes dicho, es bueno recordar que podemos utilizar estrategias que nos permitan entrar en sintonía con las personas que son visuales, auditivas y kinestésicas durante una sola indicación de algún patrón de movimiento, primero en voz alta decir "decúbito Supino". Segundo, colocarse acostado en el piso o en la colchoneta apoyando la espalda en la misma, lo que permitirá que las personas escuchen, vean y puedan ejecutar el movimiento al cual nos referimos, y les aseguro que será un aprendizaje 100% significativo que adoptarán y no olvidaran si se repite constantemente.

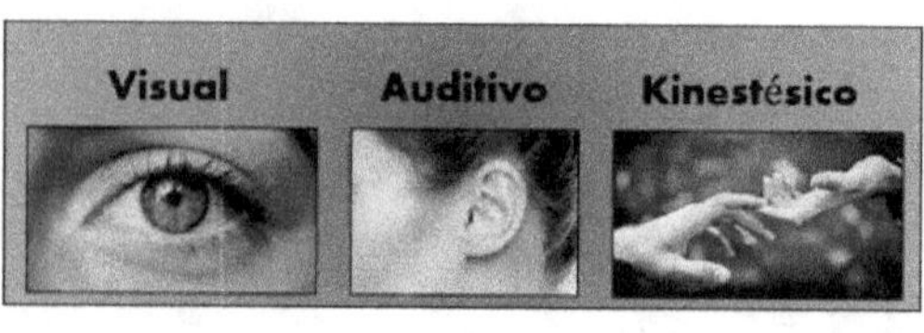

Figura 15. Estilo de aprendizaje.

Esto es buscar estrategias para dar con el **método idóneo** que nos permita que el proceso de enseñanza y aprendizaje sea efectivo.

Existen una cantidad de posiciones que el individuo puede ejecutar con su cuerpo y que a su vez sirven como punto de partida para realizar algunos patrones de movimientos por lo general que se usan en las clases de Educación Física, por donde estoy seguro que todos pasamos en nuestra vida de estudiante, ya sea de Educación Inicial, Básica o Media y Diversificado. Estas otras posiciones básicas son las siguientes:

De Pie denominada Bipedestación: La bipedestación es la capacidad de pararse y desplazarse sobre las dos extremidades inferiores.

Sentado o Sedestación: Sedestación es la acción de estar sentado, por tanto se trata de una postura corporal caracterizada por estar apoyados sobre los muslos y glúteos y donde la espalda soporta parte del peso.

Cuclillas: Término que se utiliza para indicarles al individuo flexione sus rodillas y se coloque como si estuviera sentado en el suelo, pero apoyándose no en el sino sobre los talones.

Decúbito Lateral: Es la posición donde el cuerpo esta acostado de lado o de costado en un plano paralelo al piso, con la cabeza ligeramente en posición neutra con relación al tronco, las rodillas puede estar extendidas o flexionadas.

Acondicionamiento neuro muscular v/s Calentamiento

Cuando leas, investigues, aprendas y crezcas
serás tú mejor versión lograda
en el plano intelectual.

Bernardo Stamateas

Palabras, tan inocentes cuando están en un
diccionario, y tan poderosa en manos de alguien
que sabe cómo usarlas.

Nathaniel Hawthome

Sólo investigando se aprende a investigar.

Carlos Sabino

Acondicionamiento v/s Calentamiento

Hemos llegado al punto de mayor controversia, el más discutido, el más polémico, el que menos aceptan, el término bandera de este libro, el que más me ha motivado a publicar toda esta información, término del que seguiré hablado con toda propiedad convencido en tener la razón, la cual argumento apoyándome en una base de sustentación netamente académica y científica dentro del campo de la Fisiología del Ejercicio, ciencia que estudia los cambios sufridos por nuestro organismo y que nos permite entender que hay que ***acondicionar*** nuestro cuerpo antes de cualquier actividad física o deportiva.

Según P.B Medawar, "la mente humana trata a una nueva idea de la misma forma que el cuerpo trata a una proteína extraña: ***la rechaza***", citado por Duane Lakin en su libro Vender con Programación Neurolingüística. Esta frase es la perfecta para ilustrar lo que ha sucedido desde el año 2012 hasta el 2020 en el que he venido explicando que no es ***calentamiento*** sino ***acondicionamiento,*** la mente de muchas personas rechazan la idea.

Renny Yagosesky en su libro El Poder de la Oratoria dice lo siguiente, "el nivel de información y conocimientos, tanto generales como especializados permite a cada persona, tener una percepción amplia o reducida de aquello que le rodea", y concluye tal afirmación con una frase que yo diría, que es un poco dura para los lectores, "La ignorancia no escucha con la misma atención que la sabiduría".

Carlos Rodríguez, Psicólogo de la selección absoluta de fútbol Venezolano (la Vinotinto), es muy sabio cuando en su libro "No es Cuestión de Leche es Cuestión de Actitud" dice que, los errores tiene una nueva cara cuando a partir de ellos podemos rectificar y re-aprender, revisarnos y adaptarnos a nuevos esquemas. Este personaje asegura que es necesario que exista el error, porque es el principal mecanismo para el aprendizaje y para el crecimiento, ahora te pregunto ¿tu deseo es aprender y crecer profesionalmente dentro de la actividad física y el deporte? te pregunto esto porque el mismo Psicólogo dice, "No estamos hechos, nos hacemos cada día"

Lo antes mencionado lo interpreto de la siguiente manera, si la medicina que evoluciona cada día y que es una ciencia que tiene como campo de trabajo el cuerpo humano, ¿Por qué nos tenemos que quedar estancados? cuando La Fisiología del Ejercicio es también una ciencia que basa sus estudios a través de los resultados que ofrece el cuerpo humano cuando pasa de un estado de reposo a uno más activo, "No estamos hechos, nos hacemos cada día" y por esta razón a continuación les explicaré basándome en la Fisiología que es lo que sucede en nuestro cuerpo cuando comenzamos a movernos para realizar cualquier actividad física o deportiva.

El término **calentamiento** hace referencia al proceso por el cual una sustancia, materia, objeto o elemento aumenta su temperatura, dejando así de estar en reposo. En consecuencia el D.R.A.L.E indica que **Calentar** (Del lat. *calentāre*) es comunicar calor a un cuerpo haciendo que se eleve su temperatura, además dice que es desentumecer los músculos antes de practicar un deporte. Ahora esto está bien, perfecto, pero ¿necesitamos sólo poner a tono los músculos? ¿Y qué pasa con el sistema cardiaco, respiratorio y nervioso? He aquí el meollo del asunto, que no es sólo el sistema muscular sino todos los sistemas los que deben ser **acondicionados** para la actividad a realizar.

Estos son los ejemplos que siempre he utilizado, en la figura Nº 16 está un individuos expuesto a los rayos de la luz solar, **y es aquí cuando les digo a las personas,** ¿qué pasa cuando estamos 5, 10 ó 15 minutos bajo el sol esperando que comience por ejemplo una actividad? Obviamente nuestro cuerpo se **calienta**, pero ¿estará preparado para hacer ejercicio? SI____ NO____.

Figura 16.
Expuesto a la luz solar

Siguiendo con el tema a través de la ilustración les hago ver y les pregunto, ¿si nos colocamos dentro de un sauna durante 5, 10 ó 15 minutos nos calentamos? Obviamente que sí, pero vuelvo a repetir la pregunta, ¿estará preparado nuestro cuerpo para hacer ejercicio? SI____ NO____.

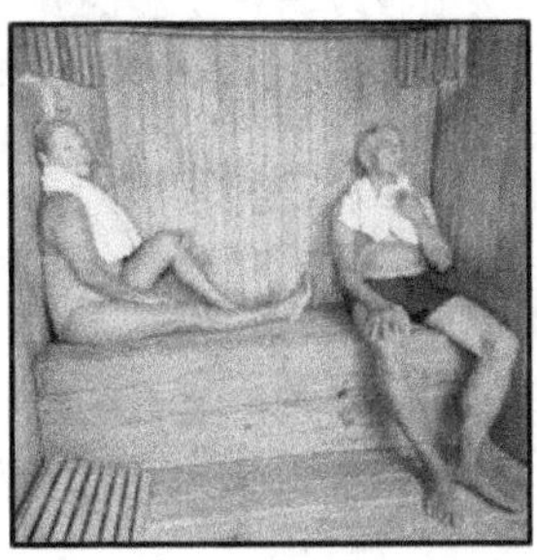

Figura 17.
Dentro del sauna.

Y por último, muestro la imagen siguiente donde vuelvo a preguntar, ¿si nos colocamos frente de una fogata nuestro cuerpo se calienta? Por supuesto que sí, si se calienta, pero ¿estará nuestro organismo en condiciones de realizar ejercicios? SI____ NO____.

Figura 18.
Frente a la fogata.

Muchos profesionales aconsejan que hay que realizar movilidad articular y elongación muscular para activarnos y luego iniciar nuestra rutina de ejercicios, y en los tres casos anteriores hemos verificado que nuestro cuerpo se calienta sin estar en movimiento, lo que indica que no está preparado para soportar el esfuerzo que conlleva realizar una actividad física o deportiva, y es a continuación que les describiremos cual es proceso a seguir para luego someter a nuestro organismo a una actividad de moderada, mediana o alta intensidad.

52

Después de usar por un largo periodo de tiempo las definiciones de Acondicionamiento Neuro-Muscular de varios autores, decidí sentarme a redactar una definición de dicho concepto el cual quedo de esta manera, "Acondicionamiento Neuro-Muscular es el proceso mediante el cual preparamos a nuestro organismo al iniciar cualquier actividad física o deportiva, donde se debe buscar un ***DESPLAZAMIENTO FISIOLÓGICO*** de todos los sistemas, para así aumentar progresivamente la frecuencia respiratoria, la frecuencia cardiaca, el gasto cardiaco, los impulsos nerviosos, la contracción o activación muscular y la temperatura corporal, iniciando con movimientos articulares progresivamente ordenados, que sean de baja intensidad y moderada dificultad, y de esta manera evitaremos cualquier tipo lesiones en los tendones, ligamento, músculos y articulaciones".

La palabra desplazamiento fisiológico desde que la leí en el libro de Conceptos del Prof. Jorge Ramírez me llamo muchísimo la atención, algo así como cuando vi a mi esposa por primera vez, que dije me caso con ella... y si me case... y en este caso sin salirnos del tema, me case con esa frase "desplazamiento fisiológico" porque de allí podemos explicar lo que sucede cuando ***acondicionamos*** nuestro cuerpo.

La teoría que encontramos basadas en investigaciones científicas nos dicen que la frecuencia cardiaca en estado de reposo de un individuo oscilan alrededor de 80 pulsaciones por minuto (P.P.M), y cuando nos colocamos de pie, comenzamos a caminar, a andar más **rápido hasta c**orrer, sucede un desplazamiento de la P.P.M que pueden ir de 80 a 90, 110, 130... dependiendo la intensidad del ejercicio y es cuando con toda propiedad puedo decir que sucede un desplazamiento fisiológico, ya que como comentamos en el caso de las articulaciones, aquí igual se produjo un movimiento que nos hizo cambiar de posición lo que permitió que se desplazaran la P.P.M desde más o menos 80 hasta por encima de las 100 P.P.M o más.

Siguiendo con el sistema circulatorio, hablaremos del gasto cardiaco, que no es más que, la cantidad de sangre eyectada por el corazón durante un minuto, que en estado de reposo es de más o menos 5 litros de sangre por minuto, en este preciso instante si eres algunos de los chicos o chicas que han realizado la certificación de YFitness debes estar recordando cuantas veces les repetí esto en clase hasta que se lo aprendieran, "*Gasto Cardiaco*" por supuesto que también sucede un desplazamiento fisiológico ya que si nos comenzamos a mover esa cantidad de sangre aumentara de más o menos 5 litros hasta llegar inclusive a 25 litros por minutos como lo indica Wilmore And Costill en su libro de Fisiología del Esfuerzo, el que considero como mi biblia.

Según información obtenida durante el curso de primeros auxilios de la Cruz Roja Venezolana, la Ventilación Pulmonar (inspiración y espiración) oscila más o menos 18 veces por minutos y comienza a aumentar dicha frecuencia cuando vamos de un estado de reposo a uno más activo, y por ende hay un desplazamiento fisiológico.

Por último comentaremos que el aumento de la temperatura también es parte del acondicionamiento previo a la actividad física, aquí siempre coloco el ejemple del chicle, el cual si lo masticamos durante 5, 10 ó 15 minutos lo podemos sacar de la boca y estirarlo sin que se rompa fácilmente, muy al contrario cuando ese chicle lo sacamos de su empaque y lo estiramos se romperá más rápido que el que ha sido masticado.

Tomando en cuenta el ejemplo anterior, los músculos, tendones y ligamentos deben aumentar su temperatura para que puedan responder de una manera más eficaz cuando se le solicita a una mayor intensidad, como hemos podido ver la puesta en marcha adecuada de nuestro cuerpo depende de poner a tono todos los sistemas y no solo *calentar* el cuerpo...

Hay una regla fundamental a cumplir cuando queremos realizar ejercicios, y esa regla es que debemos movernos para preparar las articulaciones, el sistema nervioso, cardiaco, muscular y además aumentar la temperatura, si logramos esto estaremos *acondicionando*, pero si sólo calentamos nuestro cuerpo obviamos muchas funciones fisiológicas necesarias para realizar ejercicios y no estaremos en un punto óptimo para tal fin.

¿Por qué sudamos?

¿Qué sustancia perdemos al sudar?

*Se requieren acciones específicas
y méritos acumulados para
alcanzar ciertos logros.*

Renny Yagosesky

*Hablo de cosas científicamente comprobadas,
Dios me libre de inventar y
engañar a los que desean aprender.*

Jairo Reyes

¿POR QUÉ SUDAMOS?
¿QUÉ PERDEMOS AL SUDAR?

Espero seas parte importante en la difusión de esta información que es de suma importancia para todos aquellos practicantes de la actividad física, dentro de los cuales hay muchos que aún asisten al gimnasio, parques y plazas a realizar ejercicios con fajas, chaquetas y monos de plásticos o con ropa gruesa para poder sudar más de lo normal, muchos con la idea errónea de que van a perder peso principalmente proveniente del tejido adiposo, claro está y por supuesto comprobado de que si se pierde peso, pero mucho ojo, ya que es a nivel hídrico y no en grasa como se piensa.

El sudar es un proceso o mecanismo de defensa de nuestro cuerpo, que en exceso puede provocar la deshidratación, que según el D.R.A.L.E es "privar a un cuerpo o a un organismo del agua que contiene o perder parte del agua que entra en su composición", entonces tomando en cuenta lo antes dicho la **Deshidratación** es la perdida excesiva de agua de los tejidos corporales, que se acompaña de un trastorno en el equilibrio de los electrolitos esenciales, particularmente el SODIO, POTASIO y CLORO.

Cuando realizamos cualquier actividad física como, caminar, nadar, correr, subir escaleras, hacer el amor, trotar, andar en bicicleta, bailar entre otras, nuestra temperatura interna aumenta y como mecanismo de defensa entra en acción la termorregulación y comenzamos a sudar para mantener la temperatura estable la cual es de 37º C en estado normal.

Aquí entra en acción un proceso fisiológico llamado Gasto Cardiaco (GC) que según Wilmore And Costill, representa el volumen de sangre en litros (L) o mililitros (ml) que eyecta (impulsa) cada ventrículo del corazón hacia la principal arteria (pulmonar o aortica) por cada minuto. La principal función del GC como se puede observar en cuadro Nº 3 y en las barras donde predomina el color azul, es llevar la cantidad de sangre posible a los músculos que lo necesitan para aportar el oxígeno y nutrientes y así producir energía y realizar los ejercicios, pero el GC también aumenta hacia la piel como se muestra en las barras con color rojo, con el objetivo de llevar el exceso de calor a través del sudor hacia el exterior de nuestro cuerpo manteniendo así la temperatura regulada.

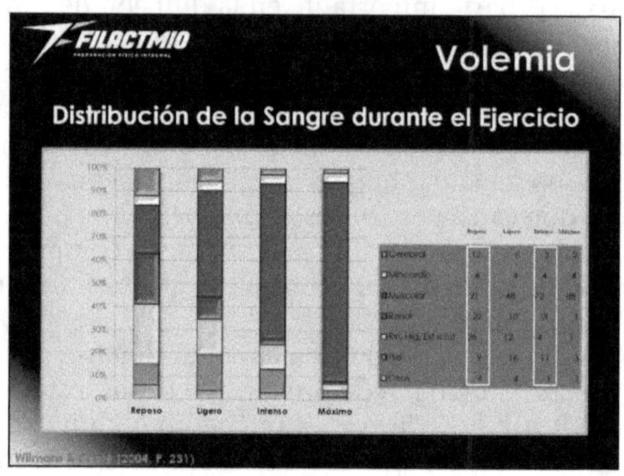

Cuadro 3. Distribución de la sangre durante el ejercicio.

Cuando sudamos perdemos sustancias que son necesarias para el buen funcionamiento del sistema nervioso, específicamente en el axón de las neuronas encontramos lo que conocemos como la bomba del sodio y el potasio, el sodio está en la parte interna y el potasio en la externa y cuando se genera el potencial de acción se intercambian traspasando la membrana y así se transmite la información a través de la sinapsis de neurona a neurona hasta llegar a la placa motora y producirse la contracción muscular.

Si no nos hidratamos y recuperamos estos electrolitos perdidos y que son fundamental para el funcionamiento de sistema nervioso la información no viajara adecuadamente y la eficiencia en la ejecución del ejercicio no será la deseada, y muchas veces se producirán los calambres que nos obliga a detener los ejercicios.

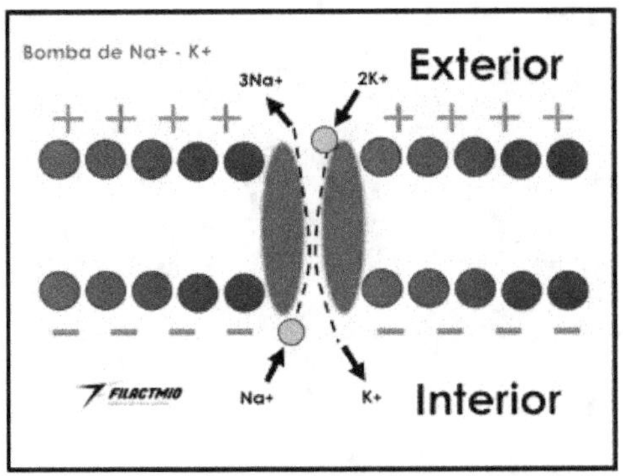

Figura 19. Bomba de Na+ - K+

Ahora bien, ¿Por qué sudamos? Porque es un mecanismo de defensa de nuestro cuerpo para mantener la temperatura estable en 37º C.

¿Qué sustancias perdemos al sudar? Perdemos principalmente sodio y no grasa como aún se cree...

Separar y juntar las piernas o los pies

v/s

Abrir y cerrar las piernas o los pies

Imita a la gota,
que con su silenciosa calma
conquista poco a poco la dureza de la roca.

Renny Yagosesky

El perfeccionamiento físico del hombre
no es un regalo de la naturaleza
sino la constancia de su racional formación.

Chernishevsky

Separar y juntar v/s Abrir y cerrar las piernas o los pies

Amigo lector y amante de la actividad física, aquí de una manera muy sencilla explicaremos qué es lo que sucede cuando abrimos o cerramos algo...

El D.R.A.L.E nos dice que **abrir** es, descubrir o hacer patente lo que está cerrado u oculto, separar del marco la hoja o las hojas de una puerta o ventana, haciéndolas girar sobre sus goznes, o quitar o separar cualquier otra cosa con que esté cerrada una abertura, para que deje de estarlo.

Figura 20.
Abrir un frasco
(o una botella).

Normalmente cuando abrimos un sobre veremos lo que está dentro, si abrimos una caja veremos lo que contiene, si abrimos una puerta veremos lo que está detrás de ella y así sucesivamente con todo lo que abrimos, ahora les pregunto ¿Por qué hay instructores o entrenadores que les dicen a las chicas que **abran** las piernas?... **será que quieren ver algo... o por el** contrario desconocen que lo correcto es indicar que **separen** las piernas o los pies.

Al igual que con el término **abrir** como es obvio usamos la palabra **cerrar**, por su puesto porque todo lo que se abre debería también cerrarse, de acuerdo con el D.R.A.L.E **cerrar** es asegurar con cerradura, pasador, pestillo, tranca u otro instrumento, una puerta, ventana, tapa, etc., para impedir que se abra, encajar en su marco la hoja o las hojas de una puerta, balcón, ventana, etc., de manera que impidan el paso del aire o de la luz.

Cuando estamos realizando una actividad física el término correcto para referirnos a los miembros superiores o inferiores es *separar* o *juntar*, si partimos de la posición anatómica y realizamos una abducción de la articulación gleno-humeral (cadera) ya sea del lado derecho o izquierdo allí estaríamos separando el pie, la pierna y el muslo de la línea media y al regresar en un movimiento de aducción estaríamos juntando los tres segmentos que conforman los miembros inferiores.

El ejemplo que siempre utilizo es cuando conocemos a una persona y nos gustamos, enamoramos y luego nos casamos, de allí en adelante comenzamos a hacer muchas cosas *juntos*, como dormir, bañarnos, bailar, hacer mercado, hacer el amor, cuidar de nuestros hijos entre otros. Pero cuando

do nos divorciamos eso nos obliga a *separarnos*, lejos uno del otro y la distancia que nos unía se amplía considerablemente, nunca decimos que nos vamos a *cerrar* cuando nos casamos con una persona o nos vamos *abrir* cuando nos divorciamos.

Figura 21. Divorcio.

Dentro de este orden de idea, complementaremos diciendo que *separar* es establecer distancia, o aumentarla, entre algo o alguien que se toman como punto de referencia.

De igual manera, con relación a nuestro cuerpo debemos utilizar la palabra *juntar* que según el D.R.A.L.E es unir unas cosas con otras, como en el ejemplo anterior de los miembros inferiores que al regresar a la posición anatómica luego de haber realizado una abducción de la cadera estaríamos *juntando* los pies, las piernas y los muslos y no cerrando como se acostumbra decir.

Creo que es evidente, que lo correcto es juntar o separar los pies o piernas y no cerrar y abrir los pies o piernas.

¿La grasa se quema?

¿Hay quemadores de grasa?

*Ni la mejor medicina podrá
sustituir los efectos del
ejercicio físico para con la salud.*

Anónimo

*Cuando le apuntamos a lo más alto,
estaremos más cerca de nuestros sueños
que si nos conformamos con pequeños objetivos.*

Anónimo

¿La grasa se quema?
¿Hay quemadores de grasa?

Merece especial atención, antes de esclarecer si la grasa se quema o no, hablar del **metabolismo** que de acuerdo con D.R.A.L.E es el conjunto de reacciones químicas que efectúan constantemente las células de los seres vivos con el fin de sintetizar sustancias complejas a partir de otras más simples, o degradar aquellas para obtener estas.

Se expone entonces que el **metabolismo** es la suma de todas las reacciones físicas y químicas de los nutrientes absorbidos en el aparato gastrointestinal que tienen lugar en las células de los organismos, mediante el cual ocurre la **oxidación** de dichas sustancias alimenticias con el fin de proveer energía para el mantenimiento de la vida.

Además, incluye el desdoblamiento de los compuestos orgánicos, desde su forma compleja hasta la simple (**catabolismo**), con liberación de energía, de la que se dispondrá el organismo para sus actividades, así como para la formación de compuestos orgánicos, desde la materia simple hasta la compleja (**anabolismo**), utilizando la energía liberada por el catabolismo.

Figura 22.
Anabolismo.

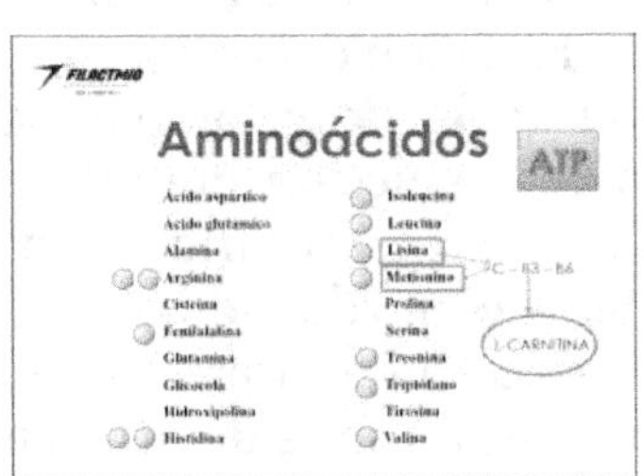

Anabolismo: Conjunto de procesos metabólicos de síntesis de moléculas complejas a partir de otras más sencillas. En la figura N° 22 se encuentran el desglose de los aminoácidos esenciales y no esenciales de los cuales nuestro organismo utiliza la Lisina, la Metionina, más la vitamina "C", "B3" y "B6" para en un proceso anabólico formar L-carnitina.

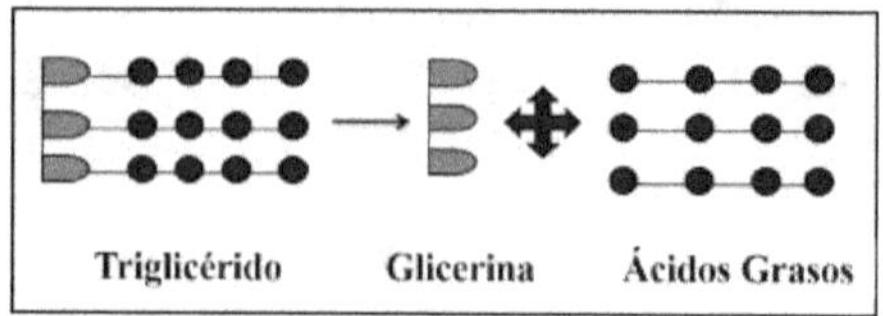

Figura 23. Catabolismo.

Catabolismo: Conjunto de procesos metabólicos de degradación de sustancias para obtener otras más simples. En la figura Nº 23 observamos lo que gráficamente sería una molécula de triglicérido que se descompone en una molécula de glicerina o glicerol y tres ácidos grasos, para luego producir energía almacenada en las moléculas de ATP.

Si consultamos en el D.R.A.L.E la palabra **Quemar** (Del lat. *cremāre*) encontramos que es, abrasar o consumir con fuego, calentar mucho, destruir por la acción de una corriente eléctrica o de una tensión de calor excesivo, mucho de nosotros durante largo tiempo hemos hablado de que **la grasa se quema** cuando realizamos ejercicios y además de que existen **quemadores de grasa**.

Cuando definimos el metabolismo encontramos que durante ese proceso se origina la **oxidación** de los nutrientes consumidos para generar energía, la oxidación es la acción y efecto de **oxidar** u oxidarse, y oxidar es el producto de la intervención del **oxígeno** sobre los nutriente que al final forman **dióxido** y como es sabido durante el proceso catabólico de la glucosa, aminoácidos y ácidos grasos se conforma el ATP, agua y anhídrido carbónico el cual conocemos coloquialmente como dióxido de carbono (**CO2**) que primero pasa por el proceso de intercambio gaseoso para luego ser llevado al exterior a través de las fosas nasales mediante la Ventilación Pulmonar (respiración).

Evidentemente, se puede constatar que la grasa no se **quema** sino que se **oxida**, en ese mismo orden de idea, diremos que la **grasa** (Del lat. vulg. *grassa*) es el nombre genérico de sustancias orgánicas, muy difundidas en ciertos tejidos de plantas y animales, que están formadas por la combinación de **ácidos grasos con la glicerina** (D.R.A.L.E).

A continuación, observemos la figura N° 24 que representa gráficamente lo que sería una mitocondria, es aquí en esta organela donde se produce el catabolismo final de los ácidos grasos, lo importante a resaltar aquí es que los glúcidos y proteínas convertidas en Acetil-CoA ingresan **fácilmente a través de la membrana de la mitocondri**a para formar adenosintrifosfato (ATP), agua (H_2O) y Anhídrido carbónico (CO2), pero los **ácidos grasos** no lo pueden penetrar por si sólo la membrana, por lo cual necesitan de la ayuda de la *L-Carnitina* quien es una proteína que el mismo cuerpo produce y que su función es transportar los ácidos graso a la parte interna de la mitocondria para su catabolismo final.

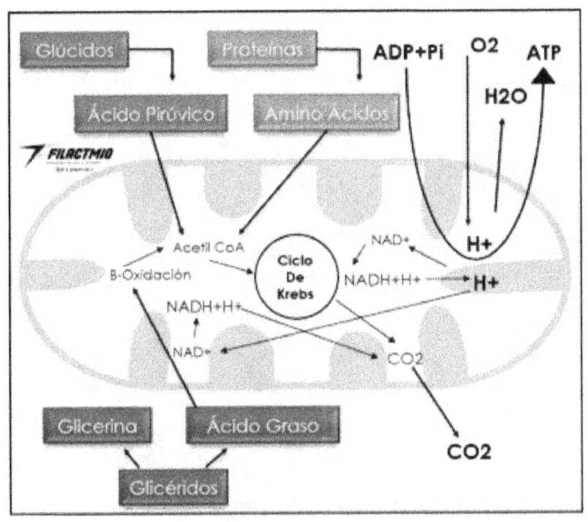

Figura 24. Mitocondria.

Tomando en cuenta todo lo dicho anteriormente, concluiremos que la grasa no se quema, se oxida, que la grasa al ser catabolizada produce ATP, H_2O y CO2 y por último la L-Carnitica la cual es el componente principal de los jarabes mal llamados quemadores de grasa no es un quemador sino una proteína transportadora mitocondrial de ácido graso.

Rápido o Duro

*Solo tú tienes la decisión
de ir más rápido o más lento.*

Grecia Medina

*Aunque no pueda retroceder,
y tener un flamante principio,
amigo mío, cualquiera puede
comenzar a partir de ahora y tener un nuevo fin.*

John Maxwell

Rápido o Duro

Cuántas veces hemos estado en un juego de béisbol o en esas caimaneras que jugábamos en el colegio y al dar el batazo, nos gritaban **corre duro, corre duro**, y si nos sacaban out remataban diciendo, "viste fuiste out por no **correr duro**", en las carreras infantiles y también de adultos hay quienes se impresionan de la velocidad de algún corredor y preguntan a algún compañero ¿viste lo duro que corre? Pueden colocarse más ejemplos, pero estos dos nos clarifican que es lo que viene a continuación...

Para la Real Academia de la Lengua Española **Duro, ra.** (Del lat. *durus*) es un cuerpo, que se resiste a ser labrado, rayado, comprimido o desfigurado, es una cosa que no está toda blanda, algo que resiste y soporta bien la fatiga, objeto áspero y falto de suavidad, para complementar diremos que el cráneo es duro, las piedras son duras y los clavos también son duros, aquí si cabe este término, pero cuando caminamos o corremos lo hacemos lento o **rápido**.

Figura 25. Material con características duras.

Ahora bien, **Rápido, da.** (Del lat. *rapĭdus*) es algo que se mueve, se hace o sucede a gran velocidad, muy deprisa. Para complementar diremos que el leopardo corre rápido, flash el súper héroe de las comiquitas corre rápido al igual que el Jamaiquino campeón mundial y olímpico Usaim Bolt, y si revisamos el título de la película leeremos que dice "rápido y furioso" y no "duro y furioso".

Figura 26. Desplazarse rápido.

Debemos concientizar que si algo es duro su antónimo es blando y que alguien se puede desplazar rápido o lento.

Recuperar o Descansar

No existe mejor fragata que un libro
para llevarnos a tierras lejanas.

Emily Dickinson

Si no puedes ser indispensable,
al menos sé inolvidable.

Carlos S. Rodríguez

Recuperar o Descansar

Estos dos términos van unidos de la mano, debido a que uno depende del otro, ya que uno de los métodos para recuperarse de la práctica de la actividad física o deportiva es el descanso, y es lo que me comentaba una vez José Riobueno al intercambiar opiniones acerca de los términos adecuados que deben utilizar los instructores y entrenadores.

Él me comentaba que lo correcto es decir que hay que *recuperarse* y no ***descansar*** después de realizar una serie o rutina de ejercicios, ya que uno de los momentos donde la persona descansa por ejemplo es cuando está muerta me comentaba él, y que en el proceso de recuperación se puede incluir el descanso activo o pasivo.

Ahora bien tomando muy en cuenta el comentario me evoqué a investigar y entre las definiciones de descansar que encontré en el D.R.A.L.E una de ellas dice que es "reposar, estar enterrado", luego al buscar reposar este término también dice que es "estar enterrado, yacer".

Sin embargo lo que nos preocupa es cómo y cuándo utilizar el término ***descasar*** o ***recuperar*** dentro de la actividad física y el deporte. En otra de las definiciones de descansar encontrada pudimos leer que dice que es "cesar en el trabajo, repara las fuerzas con la quietud" la cual se relaciona más con la actividad física y el deporte y que podemos explicar a través de la fisiología, no sin antes hablar de la recuperación.

Dentro del mismo orden de idea hay que contemplar a la recuperación dentro de una perspectiva múltiple, donde está estrechamente relacionada con el orden y la organización de las sesiones de los ejercicios y se puede recuperar entre series o ejercicios y entre micro, meso y macro ciclos de entrenamientos.

Durante la primera Certificación de Preparación Física y Clase Grupal con Bandas Elásticas, luego que se explicó cómo trabajar los tipos de contracciones muscular dentro del Count 32 donde se destina un espacio de tiempo para cambiar de ejecutante cuando se trabaja en pareja, varios de los instructores certificados por YFitness me comentaron que ese descanso que se tomaba la persona para que el otro compañero ejecutara era un periodo de recuperación, lo cual es muy cierto y es un término que tienen muy afianzado y que utilizan correctamente durante la puesta en práctica de sus clases grupales o colectivas.

Es evidente que la práctica de cualquier actividad física o deportiva produce fatiga y cuando esta se acumula más acusado son los efectos, como el empeoramiento de la coordinación y la disminución de la potencia (fuerza-velocidad) de la contracción muscular por lo que es necesario la recuperación ya sea por medio del masaje, descanso total u otro medio.

Figura 27. Preparación física con bandas elásticas.

Para el D.R.A.L.E la **recuperación** es "volver a tomar o adquirir lo que antes se tenía" y si esto lo relacionamos con la fisiología del ejercicio diremos que luego de realizar un patrón de movimiento que requiera un esfuerzo durante gran parte del entrenamiento donde la frecuencia cardiaca alcance o pase por ejemplo el 85% de la frecuencia cardiaca máxima del individuo y que después debe recuperase ya sea a través del **descanso activo o pasivo** buscando así que la F.C descienda a más o menos 90 ó 100 P.P.M.

Igualmente sucede con el gasto cardiaco que cuando pasamos de un ejercicio ligero a moderado o exigente, puede llegar a ser que el corazón eyecte entre 12 y 15 litros de sangre por minuto, pero que al recuperar, ya sea por medio del descanso activo o pasivo, el gasto cardiaco puede volver a llegar próximo a los 5 litro de sangre por minuto el cual nos indica que estamos cerca del estado de reposo, lo que se traduce en una recuperación como la define el D.R.A.L.E "volver a tomar o adquirir lo que se tenía".

Uno de tantos métodos que hay para recuperarse de una actividad física o deportiva como se dijo anteriormente es el **descanso**, ahora bien el descanso puede ser completo cuando dormimos un breve sueño, pero también podemos aplicar el descanso activo durante un periodo de tiempo determinado, por ejemplo cuando culminamos un plan de entrenamiento donde alcanzamos trabajar a un 80% o más de muestras capacidades físicas se debería tener un periodo de descanso activo donde el esfuerzo no debería pasar del 60% y así lograr una recuperación que nos permita ir a otro nivel del entrenamiento.

El descanso activo no es más que bajar las cargas o intensidad de trabajo y mantenerse entrenando para lograr una buena recuperación y poder iniciar un nuevo ciclo de entrenamiento, porque después de haber llegado a trabajar las cualidades físicas por encima de 80% de nuestra capacidad, no es adecuado tomar un descanso absoluto y mucho menos prolongado.

Partiendo de la idea del descanso activo para lograr la recuperación, indicaremos que dentro de los entrenamientos en circuitos también se debe tomar en cuenta el diseño de los mismos para que los grupos musculares no sean sobreentrenados y se puedan recuperar entre estaciones, tan sencillo como si en una estación trabajamos la fuerza en los miembros inferiores en la próxima hay que trabajar los músculos del de la zona media o miembros superiores y así también evitaremos que el lactato bloquea el paso del calcio hacia los filamentos de actina y miosina e inhiba la contracción muscular.

Para culminar la idea es necesario mencionar que, los errores debidos a la disminución inadecuada del tiempo de recuperación en todo tipo de entrenamiento, puede contribuir a aumentar un síndrome de sobreentenamiento, y para no llegar a ese punto es necesario **recuperar** adecuadamente, ya sea a través del **descanso** u otro método para luego dar el siguiente paso.

Actividad física, ejercicio físico, deporte y educación física

Las pequeñas hazañas realizadas son mejores que las grandes hazañas planeadas.

Peter Marshall

Empieza donde estas, usa lo que tienes, haz lo que puedes.

Arthur Ashe

ACTIVIDAD FÍSICA, EJERCICIO FÍSICO, DEPORTE Y EDUCACIÓN FÍSICA

En la actualidad hay mucha confusión con algunos términos, y se piensa que uno es sinónimo del otro, y cuando revisamos algunas leyes o los diccionarios encontramos que no es así.

Un ejemplo muy claro es que le llamamos Doctor (a) a todas aquellas personas que ejercen la Profesión de la Medicina, Fisioterapia, Odontología entre otras profesiones, cuando es conocido que Doctor (a) es aquella persona que ha logrado culminar con éxito sus estudios de Doctorado en cualquier especialidad académica.

Tomando en cuenta el ejemplo anterior, diremos que algo parecido pasa con algunos términos dentro del Deporte, la Actividad Física y la Educación Física, cuando encontramos que a un ***Practicante*** se le denomina ***Atleta*** o ***Deportista***, o que aun ***Instructor*** se le llama ***Profesor*** o ***Entrenador***, muchas veces por desconocimiento de la definición o connotación de cada uno de estos términos.

Ahora bien, cualquier movimiento corporal producido por los músculos que exija gasto de energía, es la definición más común encontrada en las redes sociales relacionada a la ***Actividad Física***, y la misma puede estar ligada a muchos conceptos, donde la musculatura mediante una de sus funciones como es producir movimiento va a generar un gasto de energía mayor a la tasa metabólico basal, como sería nadar, jugar, bailar, correr, montar bicicleta, caminar, entre muchos más, y se diferencia del ***Ejercicio Físico*** debido a que este es planificado, estructurado y repetitivo donde se busca objetivos claros como meta y se divide en ejercicios anaeróbicos y aeróbicos.

Clarificado que la actividad física es cualquier movimiento corporal que produce un gasto energético, y que el ejercicio físico es planificado, estructurado y repetitivo, sabemos que practicar un ***Deporte*** también genera gasto energético y cumple con características del ejercicio físico, por lo que muchas veces se utiliza este término erróneamente como sinónimo de actividad física o ejercicio físico, y la actividad física y el ejercicio físico no es un deporte, debido a que el deporte tiene características específicas que los distingue, como podemos observar en la definición encontrada en el D.R.A.E que el **Deporte** es una "Actividad física, ejercida como juego o competición, cuya práctica supone entrenamiento y sujeción a normas", podríamos resumir a continuación, que el deporte es una actividad física porque general gasto de energía, es un juego o competición sea individual o colectiva, donde los deportistas o atletas deben regirse bajo un plan de entrenamiento para mantenerse en óptimas condiciones físicas, y obedecer las normas impuestas para mantener el orden y el buen desenvolvimiento del mismo.

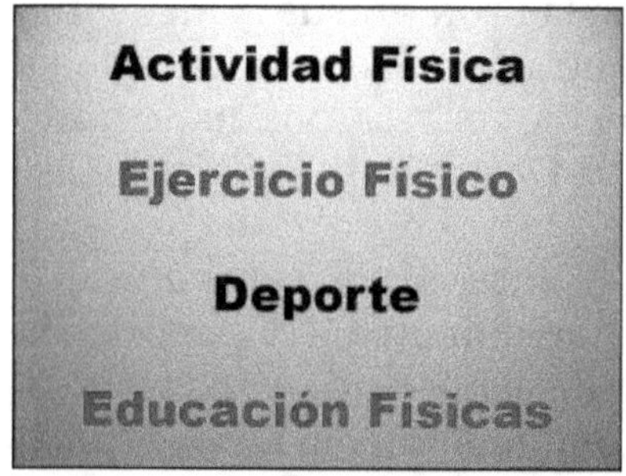

Figura 28. Términos relacionados 1.

Por otra parte, tenemos la **Educación Física** que es un instrumento Pedagógico, por consiguiente ayuda a desarrollar las capacidades físicas básicas del individuo al realizar regular y sistemáticamente actividades físicas, tomándolo como un ente Bio-Sico-Social, para así forjar el carácter, la disciplina, la toma de decisión y el cumplimiento de tareas y reglas para beneficiar así el desenvolvimiento del mismo en todos los ámbitos de la vida cotidiana.

Practicante, deportista y atleta

Decidir cambiar es el acto de mayor
expresión de inteligencia
de un ser humano.

Carlos Saúl Rodríguez

Las palabras son tu pincel y
tu vida es el lienzo.

Miguel Ruiz

Practicante, deportista y atleta

Te has preguntado en algún momento que rol cumples en las actividades que realizas a diario, por ejemplo ¿Serás un Practicante, un Deportista o un Atleta? o ¿Eres Instructor, Profesor o Entrenador? Si estas consciente o no de que rol que cumples aquí igual tendrás la oportunidad de saberlo y tener el panorama mucho más claro.

La **Ley Orgánica de Deporte, Actividad Física y Educación Física** (L.O.D.A.F.E.F) de Venezuela en el artículo número 6 numeral 4 indica lo siguiente, ***Practicante*** es toda aquella "Persona que en ejecución de una actividad física persigue como fin la recreación, la salud, las interacciones humanas o el desarrollo de hábitos en pro de la cultura ciudadana y la convivencia" claramente en esta definición no encontramos que el individuo tenga que competir, quesea parte de una selección o que pertenezca a alguna entidad deportiva.

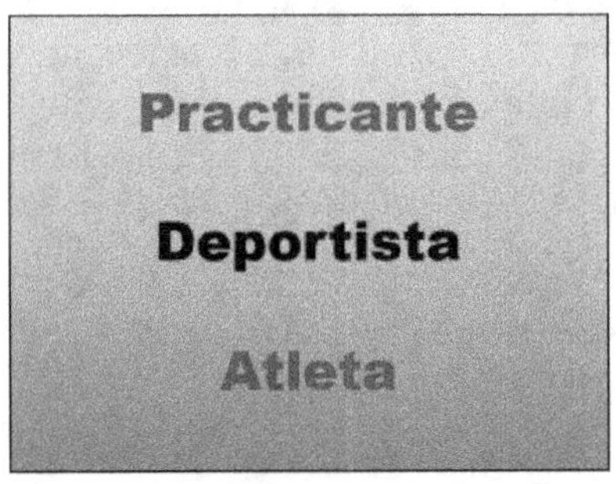

Figura 29. Términos relacionados 2.

El Practicante es aquel individuo que busca recrearse, que no es más que disfrutar realizando determinadas actividades y en especial hacerlo para saborearla y sentir el mayor placer posible de ella, además de tener la oportunidad de tener interacción y convivencia con esas personas que se agrupan para el disfrutes de las actividades en común y que por su puesto va a repercutir en mantener una buena salud tanto física como mental.

Por otra parte, pero en el mismo orden de ideas tenemos el término **Deportista**, que es toda "Persona que realiza habitualmente actividades deportivas para competir o recrearse, pudiendo formar parte de organizaciones deportivas" (L.O.D.A.F.E.F) articulo 6 numeral 2, aquí encontramos una característica importante que es que el deportista practica una actividad que tiene reglas y condiciones como lo es el deporte y que pudiera estar vinculado a alguna entidad deportiva, por lo que un **Practicante** no es un **Deportista** si su actividad no es reglada y con normas universales a cumplir durante su práctica.

De igual manera, el termino Atleta es usado para calificar a cualquier individuo sin serlo y los Atletas cumplen con características muy especiales que los diferencia de un deportista o un practicante, ya que es una "Persona que se dedica fundamentalmente a la práctica de disciplinas deportivas olímpicas, no olímpicas, paralímpicas, o no paralímpicas, en forma sistemática y de alto nivel competitivo, que posee aptitudes, formación deportiva, conducta patriótica y que pertenece de forma activa a las preselecciones y selecciones estadales y nacionales en sus diferentes categorías, con el registro de la federación y asociación deportiva correspondiente, (L.O.D.A.F.E.F) articulo 6 numeral 1.

Instructor, entrenador y profesor

*El arte supremo del maestro consiste
en despertar el goce de la expresión
creativa y del conocimiento.*

Albert Eistein

*Los maestros inspiran, entretienen y acabas
aprendiendo mucho de ellos
aunque no te des cuenta.*

Nichlas Sparks

INSTRUCTOR, ENTRENADOR Y PROFESOR

Cada persona cumple con un rol distinto dentro de la sociedad de acuerdo con la educación que haya tenido, sea esta una educación formal o no formal, la educación formal es la que se imparte en los Colegios, Instituciones y Universidades que se rigen por normas gubernamentales y la educación no formal está más ligada a grupos y organizaciones de la comunidad y de la sociedad civil.

Dentro de esta perspectiva, es necesario mencionar que así como a todo Profesional de la Salud se le acostumbra llamar **Doctor**, igualmente a sucedido con todos los involucrados dentro de la Actividad Física y el Deporte que se dedican a impartir clases, enseñar o demostrar sus conocimientos, se les llama **Profesor**.

Frente a esta situación y para tener claro el rol que cumplimos y como deberían catalogarnos vamos a describir cada uno de estos términos e iniciaremos con el de **Instructor** (ra), que según (L.O.D.A.F.E.F) articulo 6 numeral 6, "Son personas naturales debidamente acreditadas para instruir la práctica de actividades físicas o disciplinas deportivas en los establecimientos deportivos". Partiendo de esta definición el Instructor debe Instruir, que no es más que proporcionar conocimientos, habilidades, ideas y/o experiencia a una persona o a un grupo de ellas para darle una determinada formación.

Por su parte el **Entrenador** o **Entrenadora** es esa "Persona que se dedica fundamentalmente a ejercer la dirección, instrucción y entrenamiento de un deportista individual o de un colectivo de deportistas, deportistas profesionales o atletas" (L.O.D.A.F.E.F) articulo 6 numeral 5. Como se puede observar un Entrenador se dedica más a la preparación de deportistas y atletas y más específicamente a la preparación técnica y táctica de los jugadores, tomando en cuenta que hay otra figura como el **Preparador Físico** que es el individuo que luego de las evaluaciones morfofuncionales, diseñar bajo métodos pedagógicos, y utiliza medios didácticos para la orientación del proceso de enseñanza y aprendizaje, para mejorar las capacidades físicas generales y/o especificas del individuo, sea deportista o no, para que incida de forma positiva en el rendimiento de sus actividades físicas y deportivas.

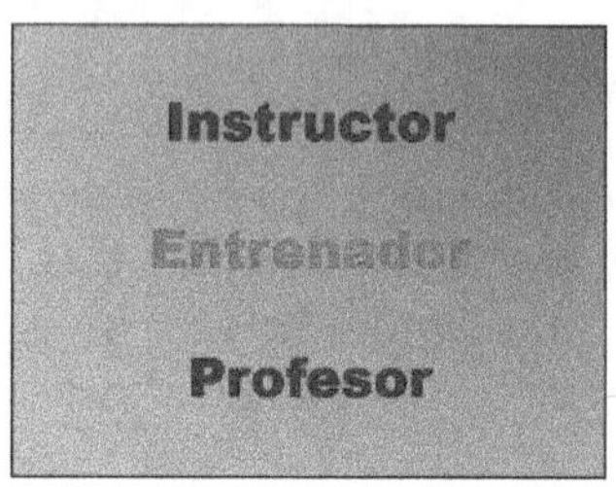

Figura 30. Términos relacionados 3.

Por otro lado, tenemos que **Profesor** es quién se dedica profesionalmente al proceso de enseñanza y aprendizaje, sea de carácter general o de alguna especialidad determinada en un área de conocimiento, disciplina académica o asignatura relacionada con la ciencia o el arte, además de transmitir valores, técnicas y conocimientos generales o específicos, parte de la función **Pedagógica** del Profesor consiste en facilitar el aprendizaje para que los **Estudiantes** lo alcancen de la mejor manera posible.

Si el profesor parte del modelo basado en la teoría conductista el estudiante será un ente pasivo, mientras que si parte de un modelo basado en otras teorías como el cognitivismo o las teorías sociales tanto el profesor como el estudiante serán agentes muy activos del proceso de **Enseñanza y Aprendizaje**.

Gasto energético o quema de calorías

La persona que no lee buenos
libros no tiene ventaja sobre
el que no puede leer.

Mark Twain

Encuentro la televisión muy educativa.
Cada vez que alguien la enciende,
me retiro a otra habitación
y leo un libro.

Groucho Marx

Algunos libros deberían ser saboreados,
otros devorados, pero solo unos pocos
deberían ser mascados y digeridos.

Francis Bacon

GASTO ENERGÉTICO O QUEMA DE CALORÍAS

Dentro del vocabulario de los asiduos a la actividad física podemos encontrar una frase muy usada y además popular en las redes sociales, como es *"Cuantas calorías quemaste"* y según el D.R.A.E entre varias de sus acepciones para definir la palabra *"quemar"* indica lo siguiente: Destruir o dañar algo por la acción de una fuente de energía o de un agente corrosivo, definición que no concuerda con la información que nos ofrecen otras ciencias como la Nutrición o la Bioquímica, en cuanto al proceso de degradación o utilización de los macro nutrientes para producir energía.

En el mismo orden de ideas la palabra *"caloría"* que se empleaba antiguamente en Biología, Medicina y Nuterición, tenía el valor de una kilocaloría, y esta costumbre se sustituyó en favor de la palabra kilocaloría (kcal) y que en nutrición hace referencia a un valor numérico que se le asigna a cada gramo de los tres macro nutriente.

Figura 31. Gasto energético.

Realmente no vivimos quemando calorías cuando realizamos actividad física o ejercicio físico ya sea de baja, mediana o alta intensidad, lo que se produce es un *Gasto Energético* y el médico Mercé Plana (2011), en su libro Fisiopatología Aplicada a la Nutrición indica que el gasto energético del organismo humano, o gasto energético total (GET), es la energía necesaria para mantener las actividades de la vida que precisa el individuo y que lo conforman, el gasto energético basal (GEB), el gasto calórico derivado de la actividad física y el gasto calórico inducido por termogénesis (termogénesis inducida por la dieta – Termogénesis de termorregulación).

Ahora bien, **¿cómo** se produce este gasto energético?, muy sencillo, a través de la ***Respiración Celular***, que es la degradación biomolecular (glucosa, amino ácido, ácido grasos) para que se produzca la liberación de energía, en este proceso la glucosa por medio de la glucolisis forma ácido pirúvico, este a su vez se desdobla a dióxido de carbono y agua generando por otro lado 36 moléculas de adenosintrifosfato (ATP).

La respiración celular es un proceso catabólico mediante el cual las células de los organismos ***oxidan*** nutrientes de los alimento para liberar energía, y aquí abro un paréntesis para volver a repetir que (la grasa no se quema, ni los otros macro nutrientes, se oxidan), durante la respiración celular parte de esa energía se utiliza para sintetizar ATP que a su vez es empleada para el mantenimiento y desarrollo del organismo.

Como resultado, el carbono queda oxidado, es decir, se transforma en dióxido de carbono que es eliminado por medio de la respiración (se espira no se bota) a la atmosfera, y se debe tomar en cuarta que para que se realice la respiración celular, es fundamental la presencia de oxígeno, donde en presencia o no del mismo hablaremos de respiración aeróbica o anaeróbica. Ahora, ¿seguirás preguntado cuantas colorías quemaste, o por lo contrario hablaras de gasto energético?

Cargas externas e internas

Un logro espectacular esta siempre presidido por una preparación espectacular.

Robert H. Schuller

Todos los hombres que han logrado grandes cosas han sido grandes soñadores.

Orison Swett Marden

Cargas externas e internas

Buscando información para complementar el contenido de la certificación de entrenamiento en circuito, intentaba conseguir todo lo relacionado con el entrenamiento con ***autocarga*** y carga externa, para mi sorpresa en los libros que consulte ninguno se refería por lo más mínimo a la autocarga con relación a las sesiones de entrenamiento, pero cada vez que se hace referencia a la autocarga es para indicar un trabajo físico manejando la masa corporal del individuo sin la utilización de implemento que generara un volumen o intensidad extra.

Sin embargo en la actualidad aún podemos escuchar que se habla de entrenamiento con autocarga y cuando buscamos la palabra en el D.R.A.E, resulta que no existe en ese diccionario dentro de las 145 palabras que según la RAE inician con la palabra auto, para esta búsqueda se utilizó un listado que tan sólo contiene palabras oficiales en español del D.R.A.E, con aproximadamente 92.500 palabras., y luego colocamos "palabras que inicien por auto" en google el mejor buscador de la actualidad de internet y encontramos una lista de 1.237 palabras que inician en auto, pero no aparece autocarga, lo cual me causo mucha curiosidad debido que por muchos años había estado manejando es término y escuchándolo en cualquier lugar de entrenamiento donde no se utilizaba implementos.

Continuo en la búsqueda de información y todo lo que encuentro y repetidamente de varios autores, es que hablan es de "cargas físicas del entrenamiento" y la dividen en dos, en ***cargas externas*** y ***cargas internas***, por consiguiente, se denomina como carga física de entrenamiento a los estímulos de movimientos o ejercicios de entrenamientos generales, especiales y competitivos, adecuadamente dosificados y que produzcan modificaciones morfológicas, funcionales, bioquímicas y psíquicas y que posibiliten la adaptación del organismo al esfuerzo físico, Pareja (1996).

En el mismo orden de idea, Prieto (2013), dice que la carga externa es aquella carga de entrenamiento que podemos observar directamente, a través de indicadores de trabajo realizado que señalan la cantidad y la calidad del entrenamiento mediante una serie de parámetros como por ejemplo la distancia, el peso y tiempo, y por otro lado destaca que, la carga interna es el efecto que produce la carga externa sobre el organismo como la frecuencia cardiaca, presión arterial y consumo de oxígeno, entre otros.

Tomando en cuenta el planteamiento de Prieto (2013), el peso podría ser por ejemplo, una carga de 20 kilogramos, la distancia sería recorrer 10 kilómetros y el tiempo poder entrenar durante 45 minutos, estos números serían las carga externas, y por otro lado estas misma deben o van a generar una sería de cambios en el organismo como es ir de una frecuencia cardiaca en reposo de por ejemplo 80 a 120 p.p.m y donde también se van alterar los valores de la presión arterial, como la de consumo de oxigeno entre otros valores fisiológicos, morfológicos, además de los psíquicos que serían las cargas internas.

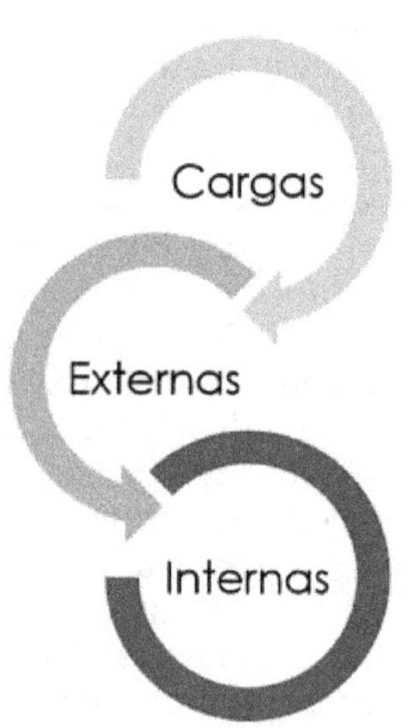

Figura 32. Cargas de entrenamiento.

Partiendo de la información encontrada se entiende que realizar cualquier patrón de movimiento con o sin implemento se podría hablar de carga externa en ambos casos, ya que entrenar sin implemento por ejemplo corriendo 3 ó 5 kilómetros manejamos nada más la masa corporal, pero la distancia sería la carga externa, igualmente si ejecutamos una o varias series de sentadillas solo manejando la masa corporal también seria de carga externa ya que el número de repeticiones formaría parte de esa carga que obviamente va influir y modificar valore que tiene que ver con las cargas internas.

En conclusión todo entrenamiento con o sin implemento va ser de carga externa debido a que se van a: recorrer distancias, realizar ciertos números de repeticiones, ejecutar por un determinado tiempo, o manejar alguna cantidad de peso.

Después de haberles argumentado todo el contenido que se ha presentado en este libro, no queda más que, agradecerles por su interés e inquietud de conocer de qué trata el mismo, y por otro lado hacerles saber que su opinión es de suma importancia para enriquecer una posible segunda edición. Como pudieron captar durante la lectura, se citaron a varias personas, que con sus inquietudes y comentarios hicieron también posible que estos términos fueran publicados, a los cuales les agradezco su contribución y la confianza depositada en este proyecto que se hizo realidad como un Conversatorio el 22 de febrero de 2013 en las instalaciones del D&D INN Hotel Tibana Caracas, y que hoy se ha convertido en este libro. Dios los bendiga.

#SomosUnMusculo #EnViaDeHipertrofía

GLOSARIO

Absorción: Paso de agua y de sustancias en ella disueltas al interior de una célula o de un organismo.

Absorción intestinal: El movimiento de nutrientes a través de la pared del intestino hacia la sangre.

Acción concéntrica: Acortamiento muscular.

Acción dinámica: Acción muscular que produce movimiento articular.

Acción estática: Acción en la que el musculo se contrae sin producir movilidad articular, generando fuerza mientras su longitud permanece estática. Conocida también como acción isométrica.

Acción excéntrica: Elongación muscular.

Acetilcoezima A (acetil-CoA): El compuesto que forma el punto común de entrada en el ciclo de Krebs para la oxidación de los hidratos de carbono y las grasas.

Ácido grasos libres: Componente de grasa usado por el cuerpo para el metabolismo.

Ácido láctico: Un metabolito del sistema del ácido láctico (anaeróbico) que produce fatiga, proveniente de la descomposición incompleta de los hidratos de carbono. El producto final de la glucolisis anaeróbica.

Aclimatación: Adaptación natural a una tensión natural.

Actina: Un filamento delgado de proteína que actúa con los filamentos de miosina para producir una acción muscular.

Actividad física: "Cualquier movimiento corporal producido por los músculos esqueléticos que resulta en gasto energético.

Actividad física moderada: Aquella que resulta en un gasto energético entre 3 a 6 METs, ó de 150 a 200 kilocalorías (kcal) por día.

Adaptación crónica: Cambio fisiológico que se produce cuando el cuerpo es expuesto a repetidas secciones de ejercicios durante semana o meses. Estos cambios generalmente mejoran la eficacia del cuerpo en reposo y durante el ejercicio.

Adenosindifosfato (ADP): Un compuesto de fosfato altamente energético a partir del cual se forma el ATP.

Adenosintrifosfato (ATP): Un compuesto de fosfato altamente energético del que el cuerpo deriva su energía.

Adiposito: Célula grasa; célula que almacena grasa.

Adiposo, tejido: Tejido compuesto de células de grasa.

Aeróbico: Que se desarrolla en presencia de oxígeno. Utilización de oxígeno.

Aeróbico, Capacidad: Medida funcional fundamental que establece el criterio de una buena aptitud física; se basa en el volumen máximo de oxígeno que pueda ser inspirado y transportado hacia los tejidos del cuerpo que así lo requieran para su producción energética durante un ejercicio prolongado.

Aeróbico, Ejercicio: Aquellos ejercicios prolongados (mayor de 5 minutos) de baja intensidad que derivan su energía (ATP-PC) mediante la degradación de las sustancias nutricias (principalmente grasas e hidratos de carbono) en la presencia de oxígeno (metabolismo aeróbico), e incluyen ejercicios, tales como: correr, trotar, caminar, manejar bicicleta, nadar, baile aeróbico, patines, subir y bajar escalones, remar, esquí de campo traviesa. Durante el ejercicio aeróbico se alcanza un estado estable, en el cual la producción energética (ATP) es suficiente para satisfacer las demandas de energía que necesita el ejercicio aeróbico para poder continuar.

Aeróbico, metabolismo: Aquella vía metabólica que cataboliza las substancias nutricias (carbohidratos, grasas y proteínas) en la presencia de oxígeno (aeróbico) mediante la glucólisis aeróbica, ciclo de Krebs y sistema de transporte electrónico (o cadena respiratoria), de manera que se suministre energía útil para funciones vitales del cuerpo (principalmente para la contracción de las células/fibras musculares durante el ejercicio), sin la producción de altos niveles de ácido láctico.

Agua (H_2O): Compuesto químico cuya molécula está constituida por un átomo de oxígeno y dos de hidrógeno.

Alveolo pulmonar: Cada uno de los numerosos sacos terminales de la vía aérea del pulmón en los que se produce el intercambio de oxígeno y dióxido de carbono.

Aminoácidos esenciales: Los 8 ó 9 aminoácidos necesarios para el crecimiento humano que el cuerpo no puede sintetizar y que, por lo tanto, son parte esenciales de nuestras dietas.

Aminoácidos no esenciales: Los 11 ó 12 que sintetiza en cuerpo.

Anabolismo: El aumento de tejido corporal, la fase constructora del metabolismo.

Anaeróbico: Que ocurre con poco oxígeno; gasto energético de la contracción muscular cuando el suministro de oxígeno es insuficiente.

Anaeróbico, Ejercicio: Aquellos ejercicios de corta duración (menor de 4 minutos) y alta intensidad/explosivos que derivan su energía (ATP) mediante la degradación anaeróbica (sin oxígeno) de los carbohidratos (glucosa), durante los cuales el metabolismo anaeróbico envuelto produce al final grandes cantidades de lactato causando eventualmente fatiga muscular. Se incluyen ejercicios, tales como, correr 100 m, salto a lo alto, el servicio en tenis y voleibol, entre otros. Durante los minutos 2 a 4 del ejercicio anaeróbico se incurre en déficit de oxígeno, donde la energía (ATP) que produce el metabolismo anaeróbico no es suficiente para satisfacer las demandas que requiere este tipo de ejercicio para poder continuar.

Apnea: Ausencia de respiración espontánea.

Aptitud: Capacidad, tendencia o talento natural para aprender, comprender o adquirir una habilidad en particular; capacidad mental.

Aptitud Física: Aquella capacidad o cualidad potencial que posee una persona para poder llevar a cabo sus tareas diarias físicas, demandas físicas inesperadas, y actividades físicas deportivas y recreativas con suficiente energía y vigor.

Arco de movimiento: La amplitud de movimiento (grado de recorrido) o desplazamiento angular (rotatorio o axial) total permitido por cualquier par de segmentos corporales (o palancas óseas) adyacentes.

Atrofia: Perdida de tamaño, o masa, de tejido corporal, como puede ser la atrofia muscular producida por la falta de entrenamiento.

Aurícula del corazón: Cualquiera de las dos cámaras superiores del corazón. La aurícula derecha recibe sangre desoxigenada de la vena cava superior, la vena cava inferior y el seno coronario, mientras que la aurícula izquierda recibe sangre oxigenada de las venas pulmonares. La sangre de las aurículas se vacía en los ventrículos durante la diástole.

Ayuda ergogénica: Una sustancia o fenómeno que puede mejorar el rendimiento deportivo.

Beta oxidación (oxidación β): El primer paso en la oxidación de los ácidos grasos, descomponiendo los ácidos grasos en dos unidades separadas de carbono de ácido acético, cada una de las cuales cada una es convertida en acetil-AoC .

Balance hídrico: Cantidad adecuada de agua en el organismo. El desequilibrio hídrico acarrea en el organismo perturbaciones que pueden ser mortales. Se traduce en la sed. La ración cotidiana indispensable de dos a tres litros de agua es aportada no solamente por las bebidas, sino también por los alimentos sólidos.

Basal: Relativo al ritmo metabólico basal, que se refiere a un nivel de metabolismo más bajo.

Bioenergética: El estudio de los procesos involucrados en la extracción y transferencia de energía química.

Bradicardia: Contracción regular del miocardio con una frecuencia inferior a 60 latidos por minuto.

Cadena de transporte de electrones: Una serie de reacciones químicas que convierten los iones de hidrógenos generados por la glucolisis y el ciclo de krebs en agua que producen energía para la fosforilación oxidativa.

Calambres por calor: Calambre de los músculos esqueléticos consecuencia de una deshidratación excesiva y la asociada pérdida de sal.

Caloría (cal): Unidad de medida para la energía consumida (de los alimentos) y la gastada (del metabolismo en reposo y de las actividades físicas/ejercicio). Una (1) caloría equivale a la cantidad de calor requerido para elevar la temperatura de un (1) gramo (g) de agua a un (1) grado centígrado (desde 14.5C hasta 15.5C).

Calorimetría: Método utilizado para medir el metabolismo/ tasa metabólica o consumo energético (en calorías, kilocalorías o julios) de un individuo en estado de reposo o en actividad física/ejercicio mediante el cálculo directo de la cantidad de calor producido/liberado por los procesos metabólicos/respiración celular (calorimetría directa) o a través de la medición indirecta del intercambio respiratorio de los gases.

Calorimetría directa: Medición real del consumo energético al medir directamente la producción de calor que libera un individuo. Método utilizado para medir directamente el calor despedido/liberado por los procesos metabólicos/ respiración celular.

Calorimetría indirecta: Cálculo indirecto de la cantidad de energía liberada por el cuerpo mediante el consumo de oxígeno (VO_2) y el bióxido de carbono producido (VCO_2). Se fundamenta en que una cantidad dada de oxígeno siempre representa una cantidad dada de calor (1 L O_2 5 kcal).

Calorímetro: Instrumento/artefacto utilizado para medir la cantidad de calor liberado por un individuo.

Capacidad: Facultad. Producción a máxima potencia.

Capacidad de esfuerzo: La capacidad física y psíquica del individuo para alcanzar un esfuerzo máximo individual (esfuerzo límite/pico bajo condiciones normales), el cual puede ser considerablemente afectado por las condiciones ambientales.

Capacidad de trabajo físico: El nivel máximo de trabajo que un individuo es capaz de alcanzar. Ritmo máximo al que una persona puede realizar un ejercicio físico. Depende fundamentalmente de la capacidad del individuo para el consumo de energía aeróbica

Capilares: Vasos sanguíneos finos (microscópicos) que surgen de pequeñas ramificaciones de las arterias encargados de llevar nutrientes y oxígeno a la célula y traer de ésta productos de desecho y bióxido de carbono.

Capacidad Muscular: La suma de la fortaleza, potencia y tolerancia muscular.

Catabolismo: Destrucción del tejido corporal; fase destruc-

108

tiva del metabolismo.

Ciclo cardíaco: Periodo que abarca todo lo que sucede entre dos latidos cardíacos consecutivos.

Ciclo de krebs: Una serie de reacciones químicas que suponen la completa oxidación de la acetil-CoA y produce moles de ATP (energía), y el hidrógeno y carbono, que se combinan con el oxígeno para formar H_2O y CO_2.

Cicloergometro: Instrumento para hacer ejercicio que usa el ciclismo para medir el esfuerzo físico.

Cinta ergometrica: Un ergómetro en que un motor y un sistema de poleas impulsan una larga cinta sobre la que una persona puede andar o correr.

Circulación de la sangre: Flujo de sangre por vasos dispuestos para formar un circuito o círculo.

Composición corporal: Composición química del cuerpo.

Condición Física: Es la suma de las diferentes cualidades físicas, que permite realizar una variedad de patrones de movimientos con la mayor eficiencia y el menor gasto de energía posible.

Contracción muscular: El estado activo de un músculo. La generación de tensión dentro de un músculo. El intento de una célula o tejido muscular de acortarse a través del eje longitudinal de la(s) célula(s) muscular(es) activada(s).

Contracción muscular auxotónicas: Es aquellas en las que el músculo combina en la misma acción la actividad heterometrica y la isométrica. Esto tiene como resultado una forma de contracción muscular en la que el nivel de tensión con la que se activa el músculo va a variar a lo largo de toda la contracción. Este tipo de contracciones se van a producir cuando la fuerza del músculo trata de vencer la resistencia a la elongación longitudinal de un material elástico.

Contracción muscular dinámica: Aquella que envuelve movimiento. Consiste de una contracción concéntrica o excéntrica.

Contracción isométrica: Una contracción en la cual el músculo ejerce una fuerza, pero no cambia en longitud. No ocurre ningún movimiento del esqueleto y el músculo ni se acorta ni se alarga.

Contracción muscular concéntrica: Una acción dinámica en la cual los extremos del músculo (las inserciones óseas) se desplazan una hacia la otra, produciendo el movimiento del esqueleto.

Contracción muscular excéntrica: El músculo activo se alarga. Los extremos del músculo (inserciones óseas) se apartan por una fuerza externa.

Contracción muscular isocinética: Término utilizado para describir la actividad muscular en la cual los movimientos del cuerpo ocurren a una velocidad constante según es controlado por un dinamómetro; aplicado tanto en las contracciones concéntricas como en las excéntricas.

Corazón: Órgano hueco muscular, compuesto de cuatro cámaras (o cavidades), el cual se encarga de bombear la sangre por las arterias y venas del cuerpo.

Costo calórico/energético: El número de calorías utilizadas por una tarea específica, normalmente informado en calorías, kcal/min ó METS.

Costo de oxígeno: La cantidad de oxígeno utilizado por los tejidos del cuerpo durante una actividad física/ejercicio.

Crecimiento: Incremento en el tamaño del cuerpo o del cualquiera de sus partes.

Desacondicionamiento cardiovascular: Reducción de la capacidad del sistema cardiovascular para aportar suficiente oxígeno y nutrientes.

Desarrollo: Cambios que se producen en el cuerpo que empiezan en el momento de la concepción y continúan a lo largo de la vida adulta; diferenciación a lo largo de líneas especializadas de función, reflejando cambio que acompañan el crecimiento.

Desentrenamiento: Cambio que el cuerpo experimenta en respuesta a una reducción o cese del entrenamiento físico regular.

Deshidratación: Pérdida excesiva de agua de los tejidos corporales, que se acompaña de un trastorno en el equilibrio de los electrólitos esenciales, particularmente el sodio, potasio y cloro.

Desplazamiento cardiovascular: Incremento de la frecuencia cardíaca durante el ejercicio para compensar la reducción del volumen sistólico. Esta compensación ayuda a mantener un gasto cardiaco constante.

Diáfisis: Parte larga de un hueso largo.

Difusión pulmonar: El intercambio de gases entre los pulmones y la sangre.

Disnea: Dificultad para respirar.

Duración del ejercicio: Se refiere a la cantidad o intervalo de tiempo de la sesión de ejercicio.

Efecto placebo: Un efecto que un sujeto espera que le ocurra después de haberle administrado una sustancia inactiva (placebo).

Ejercicio: Aquella actividad física planificada, estructurada, repetitiva y dirigida hacia un fin.

Ejercicio agudo: Una simple sesión de ejercicio.

Ejercicio crónico: Sesiones repetidas de ejercicio sobre varios días o meses.

Electrolito: Una sustancia disuelta que puede conducir una corriente eléctrica.

Endomisio: Una funda de tejido conectivo que cubre cada fibra muscular.

Entrenamiento aeróbico: Entrenamiento que mejora la eficacia de los sistemas de producción de energía aeróbica y que puede mejorar la resistencia cardiorespiratoria.

Entrenamiento anaeróbico: El entrenamiento que mejora la eficacia de los sistemas anaeróbicos de producción de energía y que puede incrementar la fuerza muscular y la tolerancia a los desequilibrios acido básico durante la realización de esfuerzo de alta intensidad.

Epífisis: Extremo de un hueso largo, que se osifica separadamente antes de unirse con la diáfisis.

Epimisio: El tejido conectivo exterior que rodea todo el musculo, manteniéndolo unido.

Equivalente metabólico (MET): Una unida usada para estimar el coste metabólico (consumo de oxígeno) de la actividad física. Un MET equivale al ritmo metabólico en reposo de aproximadamente 3,5 ml O_2/Kg/min.

Ergogénico: Capaz de mejorar el esfuerzo o el rendimiento.

Ergolítico: Capaz de dificultar el esfuerzo o el rendimiento.

Ergómetro: Instrumento para hacer ejercicio que permite controlar (estandarizar) y medir la cantidad e intensidad del esfuerzo físico de una persona.

Escala de Borg: Escala numérica para clasificar el esfuerzo percibido.

Esfuerzo fisiológico: La reacción del individuo durante la actividad física, en términos de funciones internas, tales como metabolismo, respiración y circulación.

Espiración: Proceso por el que el aire es forzado fuera de los pulmones mediante la relajación de los músculos inspiratorios y el pliegue elástico del tejido pulmonar, que incrementa la presión en el tórax.

Espirometría: Medición de la capacidad de aire de los pulmones.

Espirómetro: Aparato para medir volúmenes de aire espirado.

Estrés: Cualquier estímulo que origine un desequilibrio del medio ambiente interno (líquido extracelular).

Evaporación: **Pérdida de calor mediante la conversión de agua (como, por ejemplo, en el sudor) en vapor.**

Fascículo: Un pequeño has de fibras musculares envueltos en una capa de tejido conectivo dentro de un musculo.

Fatiga: Estado de alteración homeostática severa que resulta en la disminución de la capacidad para el trabajo/ejercicio o que un individuo no puede continuar un ejercicio. Un estado de malestar, y reducida eficiencia originado por un esfuerzo prolongado excesivo.

Fibra muscular: Una célula muscular individual.

Fibra de contracción lenta: Un tipo de fibra muscular que tiene una alta capacidad oxidativa y una baja capacidad glucolítica, asociadas con actividades que requieren capacidad de resistencia.

Fibra de contracción rápida: Un tipo de fibra muscular tiene una baja capacidad oxidativa y una elevada capacidad glucolítica, asociada con actividades de velocidad o de potencia.

Fisiología neuromuscular: Estudio de la estructura y función de los nervios y músculos.

Fisiología del deporte: La aplicación de los conceptos de la fisiología del esfuerzo al entrenamiento de los deportistas y a la mejora del rendimiento deportivo.

Fisiología del ejercicio neuromuscular*:* Aquella rama de la fisiología aplicada que se encarga de estudiar los nervios y músculos aplicados al movimiento en general y a la actuación deportiva, en términos específicos.

Fisiología del esfuerzo: Estudio de cómo la estructura y la función del cuerpo son alterados por la exposición a sesiones agudas y crónicas de ejercicios.

Formula de Karvonen: El cálculo de la frecuencia cardiaca de entrenamiento añadiendo un determinado porcentaje de la frecuencia cardiaca máxima de reserva a la frecuencia cardiaca en reposo. Este método facilita una frecuencia cardíaca ajustada que es equivalente al porcentaje deseado de VO_2 máx.

Fortaleza muscular: La fuerza máxima que puede generar un músculo o grupo muscular a una velocidad específica.

Fosfocreatina (PC): Un compuesto altamente energético que desempeña una función crítica proporcionando energía para la acción muscular manteniendo la concentración de ATP.

Frecuencia cardíaca: El número de latidos ventriculares por minuto, tal como se determina en los registros del electrocardiograma o curvas de presión sanguínea; también se puede determinar mediante la auscultación con un estetoscopio o por medio de la palpación sobre el corazón.

Frecuencia cardíaca de entrenamiento (FCE): Una frecuencia cardiaca objetivo establecida usando la frecuencia cardíaca equivalente a un porcentaje determinado de VO_2 máx. Por ejemplo, si se desea un nivel de entrenamiento del 75% del VO_2 **máx., se determina el VO_2** al 75% y se selecciona la frecuencia cardíaca correspondiente a este del VO_2 como la FCE.

Frecuencia cardíaco en estado estable: Una frecuencia cardíaca que se mantiene estable a niveles submáximos de ejercicios cuando la intensidad del esfuerzo se mantiene constante.

Frecuencia del ejercicio: Se refiere al número de sesiones de ejercicio por semana.

Frecuencia cardíaca en reposo: La frecuencia cardíaca en reposo, que de promedio es de entre 60 y 80 latidos/min.

Frecuencia cardíaca máxima (FC máx.): El valor de la frecuencia cardíaca más alto que se puede lograr durante un esfuerzo total hasta el punto de agotamiento.

Frecuencia cardíaca máxima de reserva: La diferencia entre la frecuencia cardíaca máxima y la frecuencia cardíaca en reposo.

Gasto cardíaco, volumen minuto cardíaco o débitos cardíaco (Q ó GC): Representa el volumen de sangre en litros (L) o mililitros (ml) que eyecta (impulsa) cada ventrículo del corazón hacia la principal arteria (pulmonar o aórtica) por cada minuto.

Genética: Ciencia que se ocupa del estudio de los fenómenos de la herencia.

Glucogénesis: Conversión de glucosa en glucógeno.

Glucógeno: Polisacárido que se encuentra en diversas células animales, como el hígado y los músculos. Formado por numerosas moléculas de glucosa.

Glucolisis: Descomposición de la glucosa en ácido pirúbico.

Gluconeogénesis: Conversión de proteínas o de grasa en glucosa.

Golpe de calor: El más grave de los trastornos por el calor, consecuencia de la insuficiencia de los mecanismos termorreguladores del cuerpo. El golpe de calor se caracteriza por una temperatura corporal superior a 40,5 °C, cese de la sudoración y confusión total o inconsciencia; puede conducir a la muerte.

Grasa (lípidos): Compuesto de glicerina y ácidos grasos. Constituida básicamente por C.H.O. o lo que se denomina también elemento ternario, puede ser origen vegetal o animal y presentarse en la forma líquida a la temperatura ordinaria, como los aceites de oliva, de cártamo, ajonjolí, o en forma sólida o semisólida, como la manteca, la mantequilla, la margarina o el sebo.

Hemoglobina: Pigmento respiratorio que le da el color rojo de la sangre, contenido en los hematíes (glóbulos rojos), el cual se encarga de transportar el oxígeno mediante el torrente sanguíneo.

Hiperplasia: Un incremento en el número de células.

Hipertensión: Tensión o tono que es mayor de la normal. Se refiere a presión sanguínea alta, tanto sistólica como diastólica. Trastorno/condición en la cual el paciente posee una presión sanguínea más alta que la juzgada ser normal. En adultos se define como aquella presión excediendo 140/90 mm. Hg.

Hipertrofia: Incremento en el tamaño o en la masa de un órgano o de un tejido corporal.

Hipertrofia crónica: Incremento en el tamaño muscular consecuencia de repetidos entrenamientos contra resistencia durante mucho tiempo.

Hipertrofia muscular: Aumento en el tamaño de la masa musculoesquelética como resultado de un programa de entrenamiento con resistencia para el desarrollo de la fortaleza muscular.

Hipertrofia temporal: La hinchazón muscular que se produce durante la realización de una serie de ejercicios, consecuencia principalmente de la acumulación de fluidos en los espacios intersticiales e intracelulares de los músculos.

Homeostasia: Estado de equilibrio o constancia relativa del ambiente interno (líquido extracelular) del cuerpo, principalmente con respecto a su composición química, su presión osmótica, su concentración de iones de hidrógeno y su temperatura. Persistencia de condiciones estáticas o constantes en el medio interior del organismo que se mantiene mediante un proceso dinámico de retroalimentación y regulación.

Hormonas: Sustancias producidas en pequeñas cantidades por algunos órganos animales o vegetales y que, transportadas por la circulación, estimulan o regulan el funcionamiento de otros órganos o influyen en su metabolismo.

Huso muscular: Un sensor receptor localizado en el musculo que percibe en qué medida se ha extendido dicho musculo.

Impedancia bioeléctrica: Procedimiento para la valoración de la composición corporal en el que pasa una corriente eléctrica a través del cuerpo. La resistencia al flujo de la corriente a través de los tejidos refleja el porcentaje de grasa presente.

Impulso nervioso: Señal eléctrica dirigida a lo largo de una neurona; puede trasmitirse a otra neurona o a un órgano final, como, por ejemplo, un grupo de fibras musculares.

Inactividad física: patrones de estilos de vida sedentarios.

Índice de masa corporal (IMC): Una medición del peso corporal determinada al dividir el peso (Kg) por la altura (m) al cuadrado.

Ingle: Zona en que el abdomen se une con el muslo.

Inspiración: El proceso activo que implica al diafragma y a los músculos intercostales externos, que expanden las dimensiones torácicas y por tanto los pulmones. La expansión produce una mejor presión en los pulmones, permitiendo que el aire exterior penetre.

Intensidad del ejercicio: Se refiere al porciento de la capacidad máxima del ejercicio a practicarse.

Juego en velocidad ("fartlek"): Programa de ejercicios que implica alternar carreras rápidas y lentas en terrenos naturales.

Jugo gástrico: Jugo digestivo producido por el estómago; contiene ácido clorhídrico, enzimas digestivas (especialmente pepsina) y sustancia mucosa.

Kilocaloría (kcal ó Cal): La unidad de medida que se utiliza con mayor frecuencia para describir/expresar el contenido/valor energético de los alimentos (energía ingerida) y los requerimientos energéticos de diversas actividades físicas/ejercicio (energía gastada). Una (1) kilocaloría (kcal ó Cal) equivale a la cantidad de calor que se necesita para cambiar/elevar la temperatura de un (1) kilogramo (kg) de agua a un (1) grado centígrado (o Celsius), de 14.5C a 15.5C, bajo una presión barométrica normal de 760 milímetros de mercurio (mm Hg) o una (1) atmósfera (atm).

Kilogramo (kg): Unidad de medida del sistema métrico que determina la cantidad de masa en un cuerpo u objeto.

Lactato: Una sal formada a partir del ácido láctico.

Lisis: Disolución, destrucción.

Longevidad: La duración de la vida de una persona.

Maduración: El proceso por el que el cuerpo adapta la forma adulta y se vuelve plenamente funcional. Con frecuencia se define por el sistema o función se está considerando.

Madurez física: El punto en que el cuerpo ha alcanzado la forma física del adulto.

Masa*:* La cantidad de materia que contiene un cuerpo.

Masa corporal activa*:* Peso magro o libre de grasa.

Masa grasa: La cantidad absoluta de grasa corporal.

Masa magra: La masa (peso) del cuerpo que no es grasa, incluido los músculos, huesos, piel y órganos.

Máximo*:* El nivel más alto posible, Por ejemplo: el con sumo de oxígeno máximo (VO_2máx), y la frecuencia cardíaca máxima.

Menarquía: El inicio de la menstruación, la primera menstruación.

Metabolismo: La suma/conjunto de todos los cambios/reacciones físicas y químicas de los nutrimentos/substratos absorbidos en el aparato gastrointestinal que tienen lugar en las células de los organismos, mediante el cual ocurre la oxidación de dichas substancias alimenticias con el fin de proveer energía para el mantenimiento de la vida. Incluye el desdoblamiento de los compuestos orgánicos/nutrimentos, desde su forma compleja hasta la simple (catabolismo), con liberación de energía, de la que se dispondrá el organismo para sus actividades, así como para la formación de compuestos orgánicos, desde la materia simple hasta la compleja (anabolismo), utilizando la energía liberada por el catabolismo.

Metabolismo aeróbicos: Un proceso que tiene lugar en las mitocondrias en el que se usa oxígeno para producir energía (ATP). Conocido también como respiración celular.

Metabolismo basal: Cantidad del gasto energético de un animal durante el descanso, expresada generalmente por unidad de peso. En el ser humano, el metabolismo basal se expresa como la pérdida de calorías por metro cuadrado de superficie corporal y por hora. Se mide en forma directa o indirecta por el cálculo de la cantidad de oxígeno consumida o de bióxido de carbono liberado.

Miocardio*:* Representa la túnica/capa media muscular o músculo cardíaco. Es la capa cardíaca responsable para la habilidad del corazón en contraerse. El miocardio consiste de haces entrelazados de fibras musculares cardíacas

Miofibrillas: Los elementos contráctiles de los músculos esqueléticos.

Mioglobina: Un compuesto similar a la hemoglobina, pero hallado en el tejido muscular, que lleva oxígeno desde la membrana de la célula hasta las mitocondrias.

Miosina: Una de las proteínas que forma los filamentos que producen acción muscular.

Mitocondria: Estructura/organelos microscópicos, rodeados de doble membrana localizados dentro del citoplasma de las células (sarcoplasma en la fibra muscular), las cuales contienen enzimas responsables para la formación de energía útil mediante la síntesis de ATP (adenosina de trifosfato) por mecanismo aeróbico, y están involucradas en la síntesis de proteína y el metabolismo de los lípidos (grasas).

Morfología: La forma y estructura del cuerpo.

Movimiento: Cambio en lugar, posición, o postura, del cuerpo como un todo, de sus segmentos, o del centro de masa en relación a un sistema de referencia en el ambiente.

Neuromuscular: Perteneciente al sistema nervioso y al muscular.

Neurotransmisor: Una sustancia química usada para la comunicación entre una neurona y otra célula.

Nutrición deportiva: Rama de la nutrición que estudia los nutrientes según éstos se relacionen con la actividad física, con el fin de establecer recomendaciones y programas dietéticos para un óptimo rendimiento deportivo.

Nutriente: Aquellos compuestos orgánicos (que contienen carbono) o inorgánicos presentes en los alimentos los cuales pueden ser utilizados por el cuerpo para una variedad de procesos vitales (suplir energía, formar células o regular las funciones del organismo).

Obesidad: Una acumulación excesiva de grasa corporal, generalmente definida como superior al 25% en los hombres y al 35% en las mujeres.

Órgano tendinoso de Golgi: Un receptor sensor situado en un tendón muscular que controlo la tensión.

Oxidación: **(a)** el proceso de una sustancia combinándose con oxígeno molecular. **(b)** una reacción química en la cual los electrones (-e) o iones de hidrógeno (H^+) de un compuesto (el agente reductor) son transferidos a otro compuesto (el agente oxidante), donde el oxígeno (O_2) se combina con el hidrógeno (H) para formar agua (H_2O) al final del proceso. Por ejemplo: la reacción óxido-reducción completa de la glucosa hasta bióxido de carbono (CO_2) y agua (H_2O):

Oxígeno (O_2): Un elemento no metálico que ocurre libremente en la atmósfera como un gas incoloro, inodoro y sin sabor, el cual es necesario para la respiración y oxidación/combustión.

Oxígeno, consumo de (VO_2): La proporción a la cual el oxígeno es utilizado por las mitocondrias (metabolismo aeróbico) de todas las células del cuerpo durante el reposo o durante un nivel específico de actividad física/ejercicio, en función respiratoria interna/celular.

Perimisio: La cubierta del tejido conectivo que rodea cada fascículo muscular.

Periodización: Variación del estímulo del entrenamiento a lo largo de períodos discretos de tiempo para prevenir el sobreentrenamiento

Placebo: Una sustancia inactiva proporcionada normalmente de un modo idéntico a una sustancia activa, generalmente para probar los resultados reales comparándolos con los imaginarios.

Pliegues cutáneos: La técnica de campo más ampliamente aplicada para estimar la densidad corporal, el porcentaje de grasa corporal y la masa magra. Supone la medición de la grasa de los pliegues con lipómetros en uno o más puntos.

Pliométrico: Término utilizado para describir una contracción excéntrica del músculo seguido inmediatamente por una contracción concéntrica.

Potencia: La cantidad de trabajo realizado por unidad de tiempo. Producto de la fuerza por la velocidad.

Potencia Muscular: La habilidad para realizar una fuerza muscular máxima durante un período de tiempo corto.

Potencial de acción: Una gran despolarización de la membrana de una neurona o de una célula muscular que es llevada a través de la célula.

Preparación Física: Es un sistema de entrenamiento metodológicamente diseñado como medio para mejorar las cualidades físicas generales y especificas del individuo, para que incida de forma positiva en su rendimiento deportivo.

Prescripción de ejercicio: Proceso mediante el cual a una persona se le diseña un programa de ejercicio en forma sistemática e individualizada; incluye la cuantificación de variables que determinan la dosis del ejercicios, tales como el tipo de ejercicio, frecuencia, duración, y progresión.

Presión diastólica: Representa la presión más baja obtenida. Mientras drena la sangre desde las arterias durante la diástole ventricular, la presión disminuye a un mínimo. Los límites normales de la presión diastólica se encuentran entre 80 y 90 mm. Hg.

Presión sanguínea: La fuerza motriz que tiende a mover la sangre a través del sistema circulatorio. La fuerza de la sangre que distiende las paredes arteriales.

Presión sistólica: Representa la presión más alta obtenida. Mientras la sangre es impulsada hacia las arterias durante la sístole ventricular, la presión aumenta a un máximo. Los límites normales de la presión sistólica se encuentran entre 120 y 140 mm. Hg.

Progresión del ejercicio: Se refiere al aumento gradual en intensidad, duración y frecuencia del ejercicio a lo largo de un período de tiempo.

Prueba funcional ergométrica: Determinación de parámetros del rendimiento cardiopulmonar.

Prueba progresiva de ejercicio: Una prueba que evalúa la respuesta fisiológica de un individuo ante un ejercicio, durante el cual se aumenta progresivamente su intensidad en la forma de etapas

Puente cruzado de miosina: La parte sobresaliente de un filamento de miosina. Esto incluye la cabeza, que se adhiere a un punto activo sobre un filamento de actina para producir una potente sacudida que provoca el desplazamiento de unos filamentos entre otros.

Pulso: La expansión y la disminución de calibre por rebote elástico de una arteria, que ocurren alternadamente.

Pulso, frecuencia de: La frecuencia de las ondas de presión (ondas por minuto) propagadas a lo largo de las arterias periféricas, como la arteria carótida o la radial. En individuos sanos y normales, la frecuencia del pulso y frecuencia cardíaca son idénticas. Sin embargo, en personas con arritmias cardíacas, estas dos frecuencias no son las mismas.

Reentrenamiento: Recuperación del acondicionamiento después de un periodo de actividad.

Reflejos motores: Una respuesta motora involuntaria a un estímulo voluntario.

Repetición Máxima (RM): Carga máxima que un grupo muscular puede levantar durante un número dado de repeticiones antes de alcanzar un estado de fatiga/agotamiento.

Resistencia cardio respiratoria: La capacidad del cuerpo para mantener un ejercicio prolongado.

Resistencia muscular: La capacidad de un musculo para tolerar la fatiga.

Respiración celular/interna: Fase del metabolismo en la cual ocurren una serie de reacciones químicas que efectúa la célula viva a partir de materias alimenticias (nutrientes o sustratos) con el fin de producir/liberar energía química útil para ser utilizada en último término en diversas actividades/funciones celulares vitales. La combinación de oxígeno con diferentes sustancias dentro de las células, resultando en la formación de bióxido de carbono (CO_2) y agua (H_2O). Un proceso que genera ATP en el cual un compuesto inorgánico (tal como el oxígeno) sirve en último término como el electrón aceptor, donde el electrón donador puede ser un compuesto inorgánico o uno orgánico.

Respuesta al ejercicio: Los cambios funcionales, inmediatos, súbitos y temporales que ocurren durante una sola sesión de ejercicio.

Retículo sarcoplasmático: Un sistema longitudinal de túbulos asociado con las miofibrillas que almacena calcio para la acción muscular.

Retorno venoso: es la cantidad de sangre que puede regresar al corazón derecho (ventrículo derecho) por medio de la circulación sistémica venosa.

Sarcolema: Una membrana de las células de las fibras musculares.

Sarcómero: La unidad básica de una miofibrilla.

Sarcoplasma: Citoplasma coloide en una fibra muscular.

Sinapsis: La unión entre dos neuronas.

Síndrome de sobreentrenamiento: Un proceso producido por el sobreentrenamiento y caracterizado por reducción del rendimiento.

Sistema ATP-PC: Un sistema de energía anaeróbico sencillo que funciona para mantener los niveles de ATP. La descomposición de fosfocreatina (PC) libera Pi, que entonces se combina con ADP para formar ATP.

Sistema Cardiovascular: Conjunto de órganos especializados en transportar los alimentos y gases respiratorios por todo el cuerpo.

Sistema glucolítico: Un sistema que produce energía mediante la glucolisis.

Sistema oxidativo: El sistema energético más complejo del cuerpo, que genera energía descomponiendo combustible con la ayuda de oxígeno y que tiene un aporte muy alto de energía.

Sobrepeso: Peso corporal que supera al peso normal o estándar para un individuo determinado en relación con su sexo, estatura y constitución corporal.

Taquicardia: Frecuencia cardiaca acelerada, igual o mayor de 100 latidos por minuto.

Termorreceptores: Receptores sensores que detectan cambios en la temperatura corporal y en la temperatura externa y transmiten esta información al hipotálamo.

Termorregulación: Proceso por el cual el centro termorregulador, localizado en el hipotálamo, reajusta la temperatura corporal en respuesta a pequeñas desviaciones del punto establecido.

Tono Muscular: Es un grado de tensión activa o contracción permanente e involuntaria del músculo esquelético, que nos permite mantener una postura corporal en un estado de reposo, sin estar relacionado con una actividad física específica, y siempre bajo el control del sistema nervioso central.

Tolerancia: La capacidad/habilidad del organismo humano para poder mantener el rendimiento de alguna actividad física, ejercicio o evento deportivo de larga duración el mayor tiempo posible.

Tolerancia cardiorespiratoria: La capacidad del corazón, vasos sanguíneos, sangre y sistema respiratorio para transportar y abastecer de nutrimentos/combustibles metabólicos y oxígeno a los tejidos activos musculo-esqueléticos y la habilidad de estas células musculo-esqueléticas en utilizar el oxígeno para satisfacer las demandas energéticas (ATP).

Tolerancia aeróbica: La habilidad de mantener una actividad física que demanda una considerablemente alta cantidad de oxígeno para producir energía. La capacidad para la respiración, transportar y utilizar el oxígeno necesario para el aporte suficiente de energía (ATP) que un ejercicio prolongado (aeróbico) requiere.

Tolerancia Muscular: El límite de tiempo de la habilidad de una persona para mantener una fuerza isométrica o un nivel de potencia que involucre combinaciones de contracciones musculares concéntricas y/o excéntricas.

Tolerar: Aguantar, soportar, resistir sin fatiga/agotamiento prematuro la acción de una actividad física/ejercicio prolongado.

Trabajo Físico: Trabajo mecánico externo calculado mediante la medición de fuerza y desplazamiento (o distancia). Trabajo es el producto de la fuerza por la distancia a la cual se aplica; Aplicación de una fuerza a lo largo de una distancia ($T = F \times D$, donde T = Trabajo, F = Fuerza, y D = Distancia).

Tropomiosina: Una proteína en forma de tubo que está en forma de espiral alrededor de cintas de actina, encajando en la hendidura entre ellas.

Troponina: Una proteína compleja unida a intervalo regulares a cintas de actina y de tropomiosina.

Túbulos transversales (túbulos T): Extensión del sarcolema (membrana de plasma) que pasan lateralmente a través de la fibra muscular, permitiendo la transmisión de impulsos nerviosos con rapidez hacia los miofilamentos individuales y transportando nutrientes a las mismas.

Umbral anaeróbico: El punto en que las demandas metabólicas del ejercicio ya no pueden seguir siendo satisfechas por las fuentes aeróbicas disponibles y en el que se produce un amento del metabolismo anaeróbico, reflejado por un incremento en la concentración de lactato en sangre.

Umbral del lactato (UL): El punto en que el lactato sanguíneo comienza a acumularse por encima de los niveles de reposo durante el ejercicio de intensidad corriente.

Una repetición máxima (1-RM): La resistencia (masa) sobre la cual el participante puede levantar una sola vez sin poder repetir el intento.

Unidad motora: El nervio motor y el grupo de fibras musculares que inerva.

Unión neuromuscular: El punto en que una neurona motora se comunica con una fibra muscular.

Venas: Vasos que transportan la sangre pobre en oxígeno de los tejidos al corazón.

Vénulas: Pequeños vasos encargados de colectar y drenar la sangre de los lechos capilares y vaciarla en las venas. Constituyen la continuación de los capilares, y se unen para formar las venas.

Ventilación pulmonar: El movimiento de gases entrando y saliendo de los pulmones.

Vitaminas: Compuestos que influyen de modo decisivo en el aprovechamiento de los alimentos, en el funcionamiento correcto de los órganos y, en consecuencia, en la conservación de la salud.

Volumen diastólico final (VDF): El volumen sanguíneo dentro del ventrículo izquierdo al final de la diástole, justo antes de la contracción.

Volumen residual (VR): La cantidad de aire que no puede ser espirado de los pulmones.

Volumen respiratorio: La cantidad de aire inspirado o espirado durante un ciclo de respiración normal.

Volumen sistólico (VS): La cantidad de sangre eyectada

desde el ventrículo izquierdo durante la contracción, es la diferencia entre el volumen diastólico final y el volumen sistólico final.

Volumen sistólico final (VSF): El volumen sanguíneo que queda en el ventrículo izquierdo al final de la sístole, justo después de la contracción.

Lista de referencia

Alter, Michael. (1999). Estiramientos Deportivos. Human Kinetics, EE.UU.

Caravano, Pierre. (1997). Tratado de musculación. Barcelona Editorial Hispano Europea.

Arias, F. (2006). El Proyecto de Investigación, Introducción a la Metodología Científica. Caracas editorial Texto, C.A.

Chicharro, López. (2006). Fisiología del ejercicio. Madrid Editorial Médica Panamericana.

Delavier, Frédéric. (2004). Mujeres guía de movimientos de musculación. París-Francia. Editorial Paidotribo.

García, P. (2002). Perfil antropométrico y control de la calidad en bioantropología, actividad física y salud. Caracas Ediciones FASES/U.C.V.

García, P. (2006). Introducción a la investigación bioantropólogica en actividad física. En A.

Handzel, T. Core Training for Improved Performance. *NSCA Performance Training Journal*. Volume 2 Number 6, 2003. Rodríguez (ed.), *El niño y la selección de talentos para la alta competencia*. (pp. 111-140). Caracas consejo de desarrollo científico y humanísticos U.C.V.

González, Eduardo; y Yanes, Jeovani. (2001). Algunas consideraciones sobre la planificación del entrenamiento deportivo personalizado en el béisbol. Buenos Aires – Año 6 – N° 31. Consultado el 15 de Marzo de 2010 en http://www.efdeportes.com/

Grupo Océano, Manual de educación física y deportes, Barcelona-España Editorial Océano.

Lanier, A. (1980). Introducción a la teoría y método del entrenamiento deportivo. La Habana-Cuba.

Lakin, D. (s/f). Vender con Programación Neurolinguistica. Malaga España, Editorial Sirio S.A.

López, M. (1999). Jugando Aprendo, libro Práctico de educación Física. Caracas, Litho-tip, C.A.

Moore, Keith. (2002). Anatomía con orientación clínica. Buenos Aires – Argentina, Editorial Médica Panamericana.

Morgan, J. (2005). Baseball for dummies. Indianapolis, Indiana by Wiley Publishing.

Pareja, A. (1996). Capacidad física y adaptación orgánica. Educación Finca y Deporte, vol. 8, Nos. 1-2

Platonov, Vladimir. (2001). Teoría general del entrenamiento deportivo olímpico. Barcelona Editorial Paidotrivo.

Prieto, J. (2013) Elementos de la carga del entrenamiento. https://www.foroatletismo.com/entrenamiento/elementos-de-la-carga-de-entrenamiento/

Ramírez, J. (1999). Conceptos educación física, deporte y recreación, Maracay Editorial Episteme.

Rodriguez, Carlos. (2012). No es cuestión de Leche es Cuestión de Actitud. Venezuela, Corporación Todo Actitud, C.A.

Thompson, Clem. (s/f). Manual de Kinesiología Estructural. Barcelona Editorial Paidotribo.

U.P.E.L (1996). Psicología del Desarrollo. Caracas Venezuela, Servitexto Neldar, C.A.

Yagosesky, Renny. (2000). La Psicología del Éxito. Caracas Jupiter Editores C.A.

Yagosesky, Renny. (2001). El Poder de la Oratoria. Caracas Jupiter Editores C.A.

Wilmore, Jack. (2004). Fisiología del esfuerzo y del deporte. Barcelona Editorial Paidotribo.

ÍNDICE

www.ingramcontent.com/pod-product-compliance
Lightning Source LLC
Chambersburg PA
CBHW071757150726
47998CB00005B/1971